하버드비즈니스리뷰(HBR)
은퇴 전환

하버드비즈니스리뷰(HBR)
은퇴 전환
삶과 커리어의 성공적 전환을 위한 지침서

2024년 1월 2일 처음 펴냄

엮은이 | 하버드비즈니스리뷰 출판부
옮긴이 | 김지동
펴낸이 | 김영호
펴낸곳 | 도서출판 동연
등 록 | 제1-1383호(1992년 6월 12일)
주 소 | 서울시 마포구 월드컵로 163-3
전 화 | (02) 335-2630
팩 스 | (02) 335-2640
이메일 | yh4321@gmail.com

Copyright ⓒ 도서출판 동연, 2024

이 책은 저작권법에 따라 보호받는 저작물이므로, 무단 전재와 복제를 금합니다.
잘못된 책은 바꾸어 드립니다. 책값은 뒤표지에 있습니다.

ISBN 978-89-6447-979-7 13190

하버드비즈니스리뷰(HBR)
은퇴 전환

삶과 커리어의 성공적 전환을 위한 지침서

하버드비즈니스리뷰 출판부 엮음
김지동 옮김

동연

추천사

비즈니스 리더를 위한 은퇴 전환 지침서

은퇴는 축복이며 새로운 출발입니다. 하지만 주어진 과업과 경영에 모든 시간과 열정을 쏟아왔던 리더들에게 은퇴는 준비 없이 맞게 되는 갑작스러운 충격으로 느껴지기도 합니다. 미처 은퇴를 생각하고 준비할 여유가 없었던 까닭이기도 하고, 막대했던 책임감과 영향력, 빡빡하게 돌아가던 스케줄의 부재로 인한 공허함 때문이기도 합니다.

학교를 졸업하고 30년 혹은 그 이상 지속될 사회생활의 첫발을 내딛던 오래전 그때를 기억해 보십시오. 미래에 대한 꿈과 함께 "이제 어떻게 하지?"라는 두려움과 막막함이 함께 있었겠지요. 은퇴를 앞두거나 이미 은퇴한 이들에게도 30년 혹은 그 이상의 시간이 남아 있고, "이제 어떻게 하지?"라는 기대와 두려움이 다시 찾아올 수 있습니다.

은퇴 이후 '전직 OOO'으로 그대로 머물러 있는 분도 있고, 축적한 경험과 역량을 기반으로 새로운 시도와 기여를 하시는 분들도 있습니다. 오랫동안 간직해 온 꿈을 향한 날갯짓을 은퇴 이후 비로소 펼치고자 하는 분도 있고, 가족과 공동체에 헌신하고 봉사하고자 하는 분들도 있습니다.

저는 현역 경영자 시절에 직원들에게 "좋아하는 일, 좋아하는 사람을 찾기보다는 지금 하고 있는 일을 좋아하고, 지금 함께 하는 사람에게 최선을 다하세요. 그것이 일과 가정에서 성공하는 비결입니다."라고 종종 이야기하곤 했습니다. 같은 이야기를 은퇴를 앞둔 분들과 이미 은퇴하신 분들께도 드리고 싶습니다. 은퇴 후 어떤 꿈을 꾸시든, 어떤 일을 하시든 이것이 인생2막을 성공으로 이끄는 비결이 될 것입니다.

시중에 출간된 은퇴 관련 서적들은 대부분 재무적 측면만을 다루고 있습니다. 그에 반해서 『HBR 은퇴 전환』은 스스로 자신의 은퇴 방향과 목표를 설계하고, 자신에게 충만하고 가족과 공동체에 기여하는 행복한 인생을 만들어 가고자 하는 리더들에게 테마별로 다양한 사례와 가이드, 해결 방법을 제시하고 있는 귀중한 책입니다. 이 책을 읽는 독자들이 전통적 개념의 은퇴를 넘어서서 새로운 가능성과 경로를 찾고, 은퇴 전환 과정에서의 어려움에 슬기롭게 대처하여 성공적인 인생 2막을 열어 가시기를 기대합니다.

예비 은퇴자 및 은퇴자들의 성공적 은퇴 전환을 돕고자 『노후의 재구성』에 이어서 『HBR 은퇴 전환』을 번역 소개한 은퇴전환연구소 <찬란한 오늘> 김지동 대표에게도 감사드립니다.

박진수 서울대 화학공학과를 졸업하고 1977년 럭키에 입사한 이래 42년간 현역으로 재직하여 '화학업계의 산증인'으로 불린다. 2003년 LG화학이 인수한 현대석유화학 공동대표를 맡아 성공적으로 인수 작업을 마무리하여 경영자로서 능력을 인정받았다. 2012년 이후 LG화학 대표이사 사장, 부회장, 이사회 의장 등을 역임하며 LG화학을 세계적인 기업으로 육성하는 데 공을 세웠다는 평가를 받는다. 2019년 은퇴한 이후에는 경영자로서의 경험과 역량을 사회에 환원하고자 엔젤식스플러스를 설립하여 창업기업의 성공을 지원하고 있다.

은퇴 후 자신의 정체성을 어떻게 재정의할 것인가의 문제를 다룬 글은 현업에 있는 사람에게도 유익한 시사점을 제공한다. 은퇴를 커리어의 종점이 아니라 인생의 전환점으로서 어떻게 설계할 것인지, 인생의 성공을 각자에게 어떻게 정의할 것인지 생각하게 해줄 이 책의 일독을 권하고 싶다.

김대곤 오방CSO리더십연구원장, (前) 한국경제신문 국장

자발적으로 은퇴를 선택할 수 있다면 미래에 대한 희망과 기대로, 현재 하고 있는 일에도 충분히 열정을 쏟게 될 것이다. 이 책은 은퇴자들에게 삶의 전환점을 알려주는 가이드이다. 그래서 역설적으로 자발적으로 은퇴를 선택할 수 있게 하는 지침서가 된다.

임수경 보아스골든케어 원장, (前) 한전KDN 사장, GIST 이사장, KT 전무, 국세청 국장

은퇴는 익숙하지 않은 새로운 환경에의 적응을 요구한다. 은퇴를 앞두고 기대와 희망, 고민과 번뇌가 교차하고 있는 내게 이 책은 하나의 등불이 되었다. 은퇴에 맞서 도전하는 이들에게 일독을 권한다.

김종욱 한국은행 경제교육실 교수

은퇴 이후 삶의 전환과 관련된 다양한 사례와 인사이트를 제공하고 있다. 기업 리더는 물론 은퇴를 고민하고 준비하는 모든 이들에

게 필독을 권한다.

고익현 오아시스컨설팅 대표, (前) 라이나생명 부사장, DBM Korea 부사장

직장인이라면 누구나 한 번은 은퇴라고 하는 인생의 전환점을 만난다. 이 전환점을 위기가 아니라 기회로 만들기 위해서는 무엇을 해야 할까? 이 책의 저자들은 은퇴의 충격을 넘어 삶의 다음 단계로 나아가기 위한 과제와 해결 방법을 생생한 사례를 통해 알려준다. 현명한 독자라면 각자의 상황을 바탕으로 저자들이 제기하는 과제에 스스로 답을 찾아가며 값진 통찰을 얻을 수 있을 것이다.

전병욱 (前) LG U 플러스 전무, ㈜DL 및 DL에너지 겸임 대표이사

이성과 감성을 동시에 만족시켜주는 보기 드문 은퇴 설계 지침서이다. 삶과 커리어의 성공적 전환을 꿈꾸는 리더들에게 꼭 필요한 마인드셋, 전략, 자원할당에 대한 주옥같은 노하우들을 현장 구루들이 생생한 목소리로 들려주고 있다.

최문희 FLP컨설팅 대표, CFP

은퇴는 축복이 될 수도 있고 재앙이 될 수도 있다. 은퇴를 두려워하고 있을 것인가? 적극적으로 준비하고 대처하여 새로운 인생으로의 전환이라는 가치를 쟁취할 것인가? 이 책이 당신의 슬기로운 은

퇴 설계에 큰 도움이 되리라 확신한다.

최병문 한국재무설계 대표

커리어컨설팅 현장에서 만났던 퇴직을 앞둔 많은 사람들은 미래에 대한 막연함과 두려움을 가지고 있었다. 핵심 고민은 어떻게 새로운 시작을 해야 하는지 그 방법을 찾는 것이었다. 이 책은 퇴직을 맞이하는 중장년층 리더들에게 일에 대한 패러다임을 전환하고 새로운 방법을 모색하는 지침서가 될 것이다

박숙정 클립스컨설팅/버크만연구소 대표이사

옮긴이의 글

은퇴는 전환이다

은퇴에 대한 전통적 정의는 '현직을 마치고 더 이상 사회활동을 하지 않는 것'입니다. 달리 말하자면 오랜 기간 땀흘린 이후에 '고생 끝에 오는 낙'을 맛보는 기간입니다. 첫 출근하는 직장인, 자신의 사업을 시작하는 사업가에게 은퇴는 오랜 기간 꿈으로 간직하며 기다려 온 일종의 결승점이었습니다.

이러한 전통적 은퇴 개념은 몇가지 가정과 기대에 기반하고 있었습니다. 첫째, 은퇴 혹은 정년에 도달하는 사람들은 노쇠화가 상당히 진행됨에 따라 노동생산성이 현저하게 낮아지거나 노동능력을 상실할 것이라는 가정입니다. 둘째, 은퇴 이후 남은 삶은 5년 내외, 길어야 10년 정도라는 추정입니다. 1970년 우리나라 남성의 기대수명은 58.7세였습니다. 마지막으로 은퇴 이후 자녀들이 부모를 부양하는 책임을 질 것이라는 기대가 있었습니다.

그런데 전통적 은퇴 개념이 기반했던 모든 가정과 기대는 붕괴하기 시작했습니다. 사실 이미 철저하게 붕괴되었습니다. 첫째, 은퇴 시점 나이에도 대부분의 사람들은 여전히 일하는데 아무런 지장이 없고, 경우에 따라서는 더 높은 생산성을 보여주기도 합니다. 둘째, 은퇴 후에도 오랫동안 생존할 것으로 기대됩니다. 2020년 기준으로 60세에 도달한 우리나라 사람들의 기대여명은 남자는 23.4년 여자는 28.2년입니다. 이는 50% 이상의 확률로 남자는 83살을 넘어서 살고, 여자는 88살을 넘어서 산다는 것을 의미합니다. 100세 시대는 이미 다가온 현실입니다. 셋째, 우리 세대 거의 대부분의 사람들은 자녀의 노후생활비 지원을 예상하거나 기대하지 않습니다. 자신의 노후는 자신이 책임져야 합니다.

이렇게 전통적 은퇴 개념의 가정은 모두 붕괴되었습니다. 이제 은퇴 이후의 삶은 5~10년 정도가 아니라 30~40년일 것으로 예상되고 있습니다. '현직을 마치고 더 이상 사회활동을 하지 않는' 전통적 은퇴 개념과 '가장 오랫동안 일했으며 가장 소득이 많았던 직위에서 퇴직하는' 현실적 은퇴 개념 사이에는 20~30년 이상의 커다란 공백 기간이 있습니다.

전통적 은퇴 개념은 그 수명을 다했으며, 은퇴는 일하지 않는 여유로운 삶이 기다리고 있는 결승점이 아니라 걱정과 근심으로 가득한 두려운 미래로 여겨지기도 하지만(은퇴는 죽었다!), 은퇴를 새로운 삶의 출발점으로 생각하여 자신의 은퇴를 스스로 정의하고 태세전환하고 미래를 설계하고 준비해야 합니다(은퇴 만세!).

은퇴는 전환이다

변화는 한순간에 일어나는 사건event이지만, 전환은 오랜 기간에 걸쳐서 천천히 만들어 가는 과정process입니다. 전환은 변화된 상황을 받아들이고 조정하고 적응하는 과정입니다. 변화관리 전문가인 윌리엄 브릿지스는 "변화는 사람들이 동의하지 않아도 일어나는 어떤 외부적인 일이다. 반면에 전환은 변화를 겪으면서 사람들의 마음속에서 일어나는 내부적인 일이다. 변화는 매우 빠르게 일어날 수 있지만 전환은 일반적으로 보다 천천히 일어난다."라고 했습니다.

우리는 살아가면서 진학, 취직, 결혼, 이혼, 퇴직과 같은 여러 가지 커다란 변화 사건을 맞이하게 되고 그때마다 게임의 룰은 바뀝니다. 어떤 사람은 빠르고 순조롭게 전환하고, 어떤 사람은 느리지만 제대로 잘 전환합니다. 그러나 변화를 거부하거나 적응하지 못하고 새로운 단계의 삶으로의 전환에 실패하는 사람들도 있습니다.

은퇴는 어쩌면 우리 인생의 마지막이면서 가장 중요한 전환입니다. 그리고 많은 사람들은 이러한 전환과정에서 힘들고 어려운 경험을 하게 됩니다. 이것을 은퇴후유증이라고도 합니다. 은퇴후유증이란 퇴직 이후에 일정기간 자신의 역할과 성취에 대한 상실감을 느끼고, 자신의 감정, 정체성, 사회적 적응, 삶의 전환에 어려움을 겪는 상태를 말합니다.

하나금융그룹 100년 행복연구센터의 조사에 의하면 은퇴자의 2/3이 은퇴후유증을 겪는데, 1년 이상 은퇴후유증이 겪는 사람도 40% 정도에 달하고, 그 기간이 무려 3년 이상인 분도 20% 가까이 된다고 합니다.

은퇴후유증은 현업 기간 중 업무에 모든 열정과 시간을 쏟아부었던 분들에게서 전형적으로 나타납니다. 은퇴후유증을 겪은 이유는 재정적 문제(45%) 외에도 조직 및 인적 네트워크로부터의 단절과 소외감(48%), 성취감과 사회적 지위의 상실(43%), 배우자를 포함한 가족과의 소통의 어려움(28%) 등으로 조사되었습니다.

리더들은 조직 내·외부 환경변화를 민감하게 예측하고 변화된 환경의 요구사항을 적시에 파악하고 대응조치를 준비하고 실행해야 합니다. 성공적인 리더들은 이러한 변화·전환관리 역할을 탁월하게 수행하여 조직발전에 기여해 왔습니다. 그런데 안타깝게도 조직을 성공으로 이끌었던 탁월한 리더들이 자기 자신의 변화와 전환에는 어려움과 실패를 겪기도 합니다. 조직의 주어진 과업에 모든 시간과 열정을 쏟으며 오랜 시간을 보냈기에 미처 자신의 은퇴를 생각하고 준비할 여유가 없었던 까닭이기도 하고, 책임과 영향력, 일정의 부재로 인한 공허함 때문이기도 합니다.

은퇴 전환 핵심과제

사실 은퇴 후 처음 몇 달간 이전에 맛보지 못했던 여유로움을 해방으로 느끼고 즐길 수 있습니다. 은퇴 초기 허니문 기간에는 휴식하고 여행하고 오랫동안 미뤄두었던 일을 시도하기도 합니다. 하지만 그 기간이 지나면 견딜 수 없는 지루함과 외로움을 만나게 됩니다. 확인해야 할 이메일이 없고, 아침에 집을 나와 가야 할 곳이 없다는 막막함, 점심을 함께할 사람이 없다는 외로움을 느끼기 시작합니다. 그리고 자신의 존재가치에 대한 회의가 들기 시작합니다. 세상에서 자신의 쓸모가 어디에 있을까 고심이 시작됩니다.

애머바일 교수는 이러한 고민을 해결하고 성공적으로 은퇴 전환하기 위해서는 2가지 과제를 수행해야 한다고 합니다. 첫 번째 과제는 '삶의 재구조화'입니다. 은퇴 후 누구와 시간을 보내고, 일상을 어떻게 재구성할 것인지의 문제입니다. 두 번째 과제는 '정체성의 변화'입니다. 일과 직업, 조직과 동료를 자신과 동일시하고, 이를 통해서 자신의 정체성을 구성해 왔던 사람들이 은퇴 이후 새롭게 나는 누구인지 재정의하고 새로운 정체성을 구축해야 하는 것입니다.

이러한 은퇴 전환 과제를 성공적으로 수행하고 풍요로운 은퇴를 맞이하기 위해서는 준비하고 축적해야 하는 자산이 있습니다. 린다 그래튼은 『100세 인생100 Year Life』에서 100세까지 여유롭게 의미 있게 살려면 80세까지 일해야 하며, 이를 위해서는 재무자산 외에

3가지 무형 자산이 중요하다고 합니다. 첫째는 '생산자산'입니다. 이는 은퇴 이후에 활용가능한 기술과 역량을 의미합니다. 여기에는 주변사람들의 평판, 그리고 네트워크도 포함됩니다. 두 번째는 '활력자산'입니다. 긍정적인 태도와 활력을 유지하게 하는 것입니다. 건강, 균형잡힌 삶, 어려운 상황에서도 딛고 일어설 수 있게 하는 회복탄력성, 관계재생능력 등이 포함됩니다. 세 번째는 '변형자산', 즉 변화대응능력입니다. 새로운 것을 배우고 이해할 수 있는 학습능력, 새로운 사람들과 관계를 구축하고 유지하는 네트워킹 능력입니다.

또한 휴식을 취하며 오래된 자아와 정체성을 떠나보내고, 새로운 자아와 정체성을 맞이하는 기간이 필요합니다. 경우에 따라 은퇴 이전에 생각했던 일들을 직접 시도하여 현실가능성이 있는지 확인할 수도 있습니다. 그 결과에 따라 포기할 수도 있고, 경우에 따라서는 방향을 바꾸고 조정하게 될 수도 있습니다.

이 책의 독자분들께

리더들은 자신의 의지와 무관하게 예기치 못한 시기에 예기치 못한 방식으로 은퇴를 맞이하게 될 수 있습니다. 그리고 예정된 정년에 퇴직을 하는 경우에도 사전에 은퇴를 생각하고 준비하는 것은 쉽지 않습니다.

그리고 은퇴에 대해서 생각하고 준비하고자 하는 경우에도 대부분의 담론이 은퇴의 재무적 측면만을 다루고 있습니다. 은퇴 후 생존기간이 길어졌으니 더 많은 은퇴자금이 필요하고 노후파산에 대비해야 한다고 합니다. 물론 맞는 이야기입니다. 그리고 은퇴 이후의 재무 이슈에 보수적 접근이 필요합니다.

그러나 퇴직 이후 30여 년간을 완전은퇴로 보내지 않겠다면 문제는 완전히 달라집니다. 장수를 위험이 아니라 새로운 기회와 축복으로 만들고자 한다면 새로운 관점과 새로운 접근이 필요합니다. 이 책은 직장인과 비즈니스 리더들이 퇴직 이후 어떠한 삶을 살아갈 것인가를 생각하고 그려보고 준비하는데 유용한 관점과 도구, 다양한 사례를 제시하고 있습니다. 은퇴는 특정 시점의 사건이 아니라 비로소 자신이 온전한 주인이 되어 살아가는 삶의 마지막 여정입니다. 독자 여러분께서 자신에게 고유한 은퇴를 생각하고 정의하고 은퇴 여정에 필요한 시사점과 통찰력을 얻고 성공적 은퇴 전환으로 나아가는 발걸음에 이 책이 작은 도움이 되기를 기대합니다.

이 책을 읽기 전에

은퇴! 아무런 일정도 없는 깨끗한 달력, 캐주얼한 평상복, 서두를 필요가 없는 아침, 자기만의 관심사를 추구할 수 있는 시간이다. 은퇴를 생각하면 어떤 것이 떠오르는가? 아무에게도 책임이 없고, 대부분의 일을 스스로 선택할 수 있다면 얼마나 멋진 삶이 될 것인가 기대되는 낭만적인 은퇴인가? 은퇴를 즐기기에 필요한 충분한 자금과 건강, 가깝고 편한 친구가 없다는 것이 걱정되어 재앙으로 느껴지는 은퇴인가? 아니면 그 어느 중간쯤인가?

이제 은퇴에 대한 보편적인 개념이나 적정 은퇴 연령를 정의하는 것은 불가능하다. 그렇다면 우리가 의지할 수 있는 은퇴에 대한 기준이나 구조는 무엇인가? 은퇴를 어떻게 정의하든 은퇴는 인생의 주요 전환점이다. 직장 동료와 고객에게 "자주 연락합시다."라는 마지막 이메일을 보내기 전에 오랫동안 준비하고 심사숙고해야 한다. 하지만 대다수의 사람들은 현업의 목표를 추구하느라 너무 바빠서 직장 그 너머에 무엇이 있는지 미처 생각하거나 준비하지 못한다. 그리고 은퇴를 고민하는 경우에도 주로 노후 자금과 건강에 생각이 머물러 있다. 때문에 은퇴가 자신에게 어떤 의미를 갖는지 깊이 생각하지 못한다.

'은퇴 계획'이 돈을 절약하고 현명하게 투자하는 것을 의미한다는 것은 일찍부터 알고 있다. 하지만 조깅, 골프, 브리지 게임 같은 진부한 이야기를 넘어서 은퇴 계획이 무엇을 의미하는지에 대해서는 아무도 주목하지 않는 것 같다. 우리는 더 이상 일주일에 40시간 이상 일하지 않을 것이다. 하지만 어떻게 삶을 즐기고 목적의식을 갖고 사회에 환원할 것인가? 모든 일을 중단할 계획인가? 항상 꿈꿔온 사업을 시작하고자 하는가? 교사, 자원봉사자, 코치 또는 멘토로서 인생 2막을 시작할 계획인가?

당신이 사회생활 초기 단계부터 은퇴를 염두에 두고 있었든, 5년 이내에 은퇴할 계획이든, 아니면 이미 은퇴하고 허탈감을 느끼고 있든 간에, 이 책은 당신의 열정, 기술, 경험을 새로운 삶의 계절로 전환할 수 있도록 하는 데 도움을 준다.

이 책을 통해 당신이 배울 것은 다음과 같다.

- 자신에게 은퇴가 어떤 의미인지 정의할 수 있다.
- 전통적 개념의 은퇴를 넘어서서 새로운 가능성과 경로를 파악할

수 있다.
- 기존의 직업 정체성과 새로운 자아 인식 사이에 '정체성 가교'를 놓을 수 있다.
- 소득, 의미, 사회 환원을 위해 앙코르 경력을 만들 수 있다.
- 예상치 못한 조기 은퇴 충격에서 벗어나 앞으로 나아갈 수 있다.
- 자신이 보유한 직무 기술을 은퇴 이후 여가와 공익 활동에 활용하기 위해 잡크래프job crafting[5] 할 수 있다
- 자신의 지식과 경험을 사외이사 활동이나 컨설팅에 적용할 수 있다.
- 가까운 사람들과 자신의 은퇴 계획과 꿈에 대해 이야기할 수 있다.
- 은퇴 전환 과정의 스트레스 관리를 위한 사전 조치를 취할 수 있다.
- 관계, 타인에 대한 봉사, 삶에 대한 근본적 질문 등을 통해 새로운 삶의 목적을 개척할 수 있다.

---

[5] 직무재설계에 초점을 둔 개념으로 조직 구성원이 자신의 욕구, 능력, 선호도에 맞도록 직무 수행방식, 내용, 목적을 변화시키는 것을 말한다.

차 례

추천사 • 4
옮긴이의 글 • 10
이 책을 읽기 전에 • 17

서문 • 26

|1장|
은퇴란 무엇인가?

1. 은퇴 패러다임의 변화 • 37
   ::: 계획이나 예상에서 벗어나는 은퇴를 대비하라 • 39
   ::: 자신의 방식으로 은퇴를 정의하라 • 41
   ::: 조직과 새로운 방식의 고용계약을 협상하라 • 44
   ::: 적극적으로 새로운 시도를 하라 • 46

2. 은퇴 전환 핵심 프로세스 Teresa M. Amabile와의 인터뷰 • 49
   ::: 은퇴 전환의 어려움 • 50
   ::: 삶의 재구조화 • 53
   ::: 정체성의 변화 • 61

| 2장 |
자신의 은퇴를 스스로 디자인하라

3. 다음 단계의 삶을 디자인하라 · 71
- 은퇴를 자신의 언어로 명명하라 · 73
- 익숙했던 생활 패턴에서 벗어날 준비를 하라 · 74
- 자기 앞에 놓인 새로운 세계를 상상하라 · 78
- 새로운 계획을 실험해 보라(프로토타이핑) · 79
- 새로운 목적의식과 루틴을 구축하라 · 80

4. 팬데믹 경험이 삶의 전환에 주는 교훈 · 83
- 격리 separation · 85
- 경계 liminal 학습 · 87
- 재통합 reintegration · 88

5. 보다 나은 삶을 위한 은퇴 조형 crafting · 91
- 왜 은퇴 시점이 잡크래프팅을 위한 최적의 시기인가 · 93
- 어떤 유형의 잡크래프팅이 당신에게 적합한가 · 95
- 은퇴 조형 crafting에 도움이 되는 훈련 · 99

6. 목적이 있는 은퇴 · 103
- 목적이 있는 은퇴 전환 계획하기 · 105
- 은퇴 전환 탐색의 4가지 기본 단계 · 107
- 은퇴 전환 탐색 6대 영역 · 109

7. 성공적 은퇴를 위한 전환 기술 · 116
- 보폭을 유지하고 다음 단계 삶을 계획한다 · 118
- 은퇴 시점을 결정한다 · 119
- 자신의 내면을 이해하고 드러낸다 · 120
- 외부의 시선으로 자신을 들여다본다 · 122
- 다음 단계의 삶으로 뛰어든다 · 123

| 3장 |
대안을 탐색하라

8. 앙코르 커리어 · 127
- ::: 주변에 자신의 은퇴 계획을 알린다 · 129
- ::: 서두르지 않는다 · 130
- ::: 자신에게 가장 소중한 것이 무엇인지 자문한다 · 130
- ::: 기꺼이 시도하고 실험한다 · 131
- ::: 일상의 구조를 유지한다 · 132
- ::: 사례: 전문성과 인맥을 활용한 사회 환원 · 133

9. 새로운 시작을 위한 4단계 은퇴 여정 · 136
- ::: 주기적으로 성찰한다 · 139
- ::: 의식적으로 계획한다 · 140
- ::: 전략적으로 여행 가방을 꾸린다 · 142
- ::: 유연하게 조종한다 · 144

10. 갑작스러운 실직, 이렇게 치유하라 · 149
- ::: 자기 연민을 실천한다 · 151
- ::: 자신의 미충족 욕구를 주목한다 · 152
- ::: 자신이 통제할 수 있는 것에 집중한다 · 153
- ::: 관점을 바꾸고 열린 마음을 유지한다 · 154
- ::: 나는 은퇴한 것인가? 아니면 구직시장으로 복귀한 것인가? · 155

11. 코치, 컨설턴트 · 158
- ::: 충분한 활주로를 마련한다 · 159
- ::: 자신이 가진 기술과 역량을 분석한다 · 160
- ::: 고객 확보를 시작한다 · 161
- ::: 마케팅 활동을 준비한다 · 164
- ::: 서두르지 말고 천천히 시작한다 · 164

12. 사외이사 · 166

::: 사외이사에게 요구되는 다섯 가지 역량 · 168
::: 필요한 역량 함양하기 · 173
::: 사외이사 역할모델 · 175

13. 리더를 위한 은퇴 전환 가이드 · 178

::: 진출 차선을 미리 계획한다 · 182
::: 시간을 어떻게 보낼지 계획을 수립한다 · 185
::: 사회 환원한다 · 186

|4장|
신중하게 선택하라

14. 은퇴 전환을 위한 의사결정 기법 · 191

::: 의사결정 사항을 신중하게 검토한다 · 192
::: 의사결정 입력 요소를 개선한다 · 194
::: 의사결정의 출력 요소(실행 위험)를 개선한다 · 197
::: 이해관계자들과 의사소통한다 · 200

15. 감정은 좋은 의사결정의 방해물이 아니다 · 202

::: 의사결정 사항을 확인한다 · 204
::: 의사결정 사항에 대한 자신의 감정 상태를 확인한다 · 205
::: 성공적으로 의사결정했을 때의 느낌을 상상해 본다 · 207
::: 자신의 감성을 분석한다 · 207

| 5장 |
은퇴는 힘들다. 함께하라

16. 은퇴 자문단을 구성하라 · 213
::: 왜 은퇴 자문단을 구축해야 하는가 · 214
::: 핵심 임원 · 215
::: 영역별 전문가 · 218
::: 은퇴 상황에 따른 자문단 구성 방안 · 218
::: 은퇴 방향을 결정하지 못한 경우에는 이렇게 하라 · 221
::: 미래에 집중하라 · 222

17. 은퇴와 관계역학 · 225
::: 은퇴 관계역학 · 228
::: 은퇴에 대하여 생각하고 대화를 나누는 방법 · 234

18. 은퇴 단계별 스트레스 대처 방법 · 238
::: 은퇴 스트레스의 원인 · 241
::: 은퇴 단계별 스트레스 대처 방안 · 244

| 6장 |
무엇이 성공적 삶인지 스스로 정의하라

19. 인생의 성공을 무엇으로 측정할 것인가 · 255
  ::: 직업을 통해 어떻게 행복을 찾을 것인가 · 261
  ::: 자신의 삶에 무엇이 가장 소중한지 생각해 보라 · 263
  ::: 소중한 일에 자원을 할당하라 · 265
  ::: 좋은 문화를 구축하라 · 267
  ::: '한계비용' 실수를 피하라 · 269
  ::: 겸손의 중요성을 기억하라 · 272
  ::: 올바른 척도를 선택하라 · 274

서문

은퇴는 커리어의 종점이 아니라
삶의 전환이다

'은퇴'의 의미가 재창조되고 있다. 활동적인 삶을 오래 유지하게 되면서, 65세라는 오래된 전통적 은퇴 목표 지점은 정규직과 유급노동으로부터 다음 단계로 전환하는 다양한 방법과 시간에 자리를 내주고 있다. 은퇴는 통상 50대 이상의 사람들에게만 중요한 것이었다. 하지만 상당수 조기 은퇴자FIRE족[5]들은 경력의 시작시점부터 종료시점인 은퇴를 염두에 두기도 한다. 또한 상당수 사람들은 경력의 시작과 종료 지점 사이의 자신의 커리어 여정을 길게 혹은 짧게 가져가고자 하는지 심사숙고하기도 한다.

이제 모든 연령대의 사람들은 인생을 살아가면서 일에 얼마나 많은 시간을 투자할 것인지, 얼마나 오래 일할 것인지, 어떤 일을

---

5 Financial Independence Retire Early. 경제적 독립을 이뤄 조기 은퇴를 꿈꾸는 사람들을 뜻한다.

할 것인지, 그리고 신체적, 심리적으로 어디에서 일하고자 하는지에 대하여 스스로에게 깊이 질문하고 있다. 조기 은퇴가 증가하기도 하지만 한편으로 자신이 항상 꿈꾸던 사업을 시작하고, 새로운 것을 학습하기 위해 학교로 돌아가고, 이전에 근무했던 회사에 컨설턴트로 재고용되기도 한다. 또한 급여를 더 많이 받거나, 진정으로 가치 있다고 느끼는 경력 후반부를 재창조하는 다른 많은 방법들이 있다. 너무나 많은 여가시간으로 인해 지루해하는 것이 아니라, 새로운 기술을 배우고, 오래된 혹은 새로 발견한 자신의 열정을 추구하며, 자신의 고유 가치에 보다 일치하는 프로젝트, 브랜드 또는 사업을 구축하고 책임감을 가지기도 한다.

이 책 전반에 걸쳐서 자주 인용되는 연구보고서는 주변 사람들에게서 흔히 볼 수 있는 일정한 트렌드를 뒷받침하고 있다. 연방준비제도이사회의 연구보고서 따르면, 은퇴자의 1/3이 결국 은퇴를 번복하고 정규직 또는 파트타임으로 직장에 복귀한다고 한다. 미국 노동성 통계도 65세 이상의 노동력 참여율이 증가한 것으로 나타났다. 1985년에는 65세 이상의 노동참여율이 10.8%에 불과했지만, 현재는 거의 두 배로 증가했다. 미국노인학회 연구에 따르면 55세 이상의 연령대는 미국 노동력 중 가장 빠르게 성장하는 부분이다.

이들 중 일부는 필요성 때문이다. 즉 부족한 연금과 생활비 증가는 저소득 계층의 사람들이 은퇴 후 직장으로 복귀하게끔 한다. 그러나 한편으로 부유한 은퇴자들도 일정한 휴식을 취하고 재충전하기 위한 1년 정도의 기간이 지난 후에는 어떤 형태로든 현업으로 복귀하는 경우가 많다. 35%에 이르는 업무복귀자의 비율은 최고 소득층에서도 마찬가지로 높다. 어떤 사람들에게 은퇴는 더 이상 완전한 업무 중단이 아니라 새로운 방향으로 일하는 것, 또는 보다 적은 시간으로 일하는 것으로 정의된다.

한때 은퇴라고 알려진 경력의 후반기에 우리가 어떤 일을 할 것인지에 대한 선택지는 더 이상 자원봉사자나 창작활동에 국한되지 않는다. 선택지에는 정규직으로의 복귀, 유연한 일자리Gig[6], 창업(55세 이상이 미국 인구의 21%를 차지하지만, 3,000명의 기업가들 대상으로 한 조사에 따르면 55세 이상 자영업자 비율은 무려 50.9%에 이른다), 사회적 기업 등이 포함된다.

여기에는 일정한 흐름이 있다. 많은 사람들이 전통적인 정년을 넘어 새로운 형태의 일을 하고 있다. 그렇다고 새로운 삶의 단계로 이동하고 새로운 일을 시작하는 과정이 쉽지는 않다. 장수는 동년배들이 짧은 학습기간(학교)과 긴 노동기간, 그 기간이 유동

---

6 '일시적인 일'이라는 의미의 단어. 과거에는 각종 프리랜서와 1인 자영업자 등을 포괄하는 의미로 사용됐지만, 최근에는 온라인 플랫폼 업체와 단기 계약 형태로 서비스를 제공하는 공급자를 의미하는 것으로 변화했다.

적인 여가은퇴를 거의 동시에 겪는 삶의 방식인 '밀집대형의 3단계 인생[7]'이 종말을 고하고 있음을 예고한다.

린다 그래튼과 앤드류 스콧이 『100세 인생100 Year Life』[8]에서 주장했듯이, 은퇴가 처음 발명되었을 때보다 우리는 수십 년을 더 생존한다. 그러므로 단지 20대와 60대 사이의 현업 근무기간을 단순히 연장한다는 것은 이치에 맞지 않게 되었다. 또한 여전히 활력이 넘치고 있는데, 생산적인 삶에서 은퇴하는 것도 사리에 맞지 않는다. 그보다는 학습, 일, 그리고 여가 사이에서는 보다 많은 전환이 발생하게 된다고 보는 것이 논리적이다. 예를 들어 포브스에 따르면, 50세 이후 새롭게 학습을 시작하는 것은 새로운 정상new normal이 되었다. 좋은 사례는 50세에 잠수함 선장으로서 해군에서 은퇴한 케빈이다. 은퇴 후 그는 로스쿨에 입학했고(그는 이미 공학 학위를 가지고 있었다), 미국 보훈처에서 변호사로 일하면서 퇴역 군인들의 법률문제를 지원했는데, 74세의 나이로 두 번째 은퇴하기 전에 판사가 되었다.

새로운 규칙은 규칙이 없다는 것이다. 우리의 삶에는 수많은

---

7 린다 그래튼, 앤드루 스콧의 『100세 인생』에서 제시된 개념. '학습-일-여가'라는 선형적 주기를 갖는 전통적 3단계 삶, 대규모 집단 구성과 이동이라는 '밀집대형' 방식의 삶이 끝나고 있다고 한다.
8 『100세 인생』 (도서출판 클)

단계들이 있다. 우리는 부모님 세대가 알고 있던 전통적 은퇴의 모습을 바꿔가면서 앞으로 나아가고 있다. 신나기도 하고 무섭기도 한 일이다.

    이 책은 당신에게 고유한 은퇴생활을 설계하기 위해서 자신의 기술과 역량을 재점검하는 것을 돕고자 한다. 개인적으로 또는 인생의 동반자와 함께 계획을 세우는 데 도움이 될 것이다. 이미 은퇴 전환을 겪고 있으며 은퇴 전에 계획을 세울 시간과 여유가 없었는데, 이제야 비로소 다음 단계 삶에 대한 가이드를 찾고 있는 경우에도 이 책이 도움이 될 것이다. 스스로의 선택으로 은퇴를 하든, 아니면 어떤 불가피한 상황으로 인해 은퇴를 하게 되든, 이 책에서 다루는 아이디어는 당신이 원하는 바, 그리고 그것을 얻는 방법을 생각하는 데 도움이 될 것이다. 정년에 가까운 사람들이 이 책이 다루는 내용을 가장 잘 이해할 수 있다. 하지만 모든 연령대의 사람들, 현업에 매진하고 있는 사람들, 심지어 초기 경력자들도 은퇴를 단순히 경력 여정의 최종 목표가 아니라, 오늘날의 비선형적 경력 여정에서 새로운 출발을 위해 거쳐야 하는 하나의 필수적인 단계로 생각해야 한다.

    하지만 이 책은 당신이 은퇴할 재정적 여유가 있는지, 또는 더 이상 꾸준한 소득이 없을 때 재정을 어떻게 관리해야 하는지 가

늠하는 데에는 도움이 되지 않는다. 그리고 자신의 건강과 가능성을 제한하는 현재 또는 미래의 어떠한 조건을 평가하는 데에도 도움이 되지 않는다. 또한 동업관계를 끝내거나 개인 사업을 정리하거나 상속 계획을 수립할 때 발생하는 복잡한 법적 문제에 대해서도 도움이 되지 않는다. 이러한 분야의 문제에 대해서는 관련 전문가들과 상담하는 것이 여러분이 취해야 할 첫 번째 단계 중 하나일 것이다.

나는 경력의 대부분을 직장생활에서의 다양한 변화 유형에 대한 연구에 투자했다. 그리고 은퇴 이후의 경력 단계를 탐색하는 새로운 책을 저술했다. 은퇴는 자신의 정체성에 대한 도전을 가져오는 전환이고, 전환은 피할 수 없는 혼란스러운 중간단계를 가진다. 그리고 성공적인 다음 단계 삶을 성취하는 유일한 방법은 새로운 활동과 새로운 네트워크, 그리고 자기 자신에 대한 새로운 스토리를 시도하는 것이다.

이 책의 각 장에서 언급되는 은퇴에 대한 나의 관찰은 3가지로 요약할 수 있다.

첫째, 은퇴는 전환이다.
은퇴는 단순히 역할이나 지위의 객관적인 변화가 아니라 잘 알고 있는 과거의 직장생활에서부터 아직 알지 못하는 미래로 이동하는 일련의 과정이다. 은퇴로 인해 사람들은 "나는 누구인가."라는 정체성에 대하여 불분명하고 불확실해지는 느낌을 갖기도 한다. 우리가 자신에 대하여 정의하는 방법은 대부분 일이 중심이었다. 일은 우리가 어떻게 시간을 보내는지, 우리가 깨어 있는 대부분의 시간 동안 함께하는 자신과 다른 사람들에게 내가 누구이고 어떻게 이러한 정체성을 가지게 되었는지에 대한 스토리를 형성해 왔다. 우리가 아무리 삶의 다음 단계를 원하고 계획한다고 해도, 오랫동안 유지해 온 삶의 기둥들을 잃는 것은 어려운 일이다. 1장은 은퇴가 당신의 정체성에 미치는 영향을 생각하는 데 도움이 될 것이다.

둘째, 모든 전환에는 혼란스러운 중간 기간이 존재한다.
모든 전환에는 혼란스러운 욕망, 혼란스러운 선택권, 불확실성, 갈등의 소용돌이에 휘말리는 낡은 것과 새로운 것 사이의 공백기인 중간 기간이 존재한다. 이 기간은 공식적인 은퇴일보다 훨씬 이전에 시작할 수도 있고, 그 이후 상당한 시간동안 지속될 수도 있다. 하지만 피할 수는 없다. 사실 이것은 우리가 적극적으로 존재론적인 큰 질문들과 씨름하고 있다는 좋은 신호이다. 혼란스러운 중간 기간은 새로운 자아를 형성하기 위한 일종의 용

광로이다. 적절한 은퇴를 설계하는 데는 오랜 시간과 깊은 고민이 필요하다. 고통이 없으면 얻는 것도 없다. 은퇴하는 사람들에 대한 가장 일반적인 조언은 은퇴 직후 곧바로 어떤 장기적인 계약이나 일을 시작하지 말라는 것이다. 당신이 진정으로 원하는 미래가 무엇인지를 알기 위해서는 이전 삶의 방식으로부터 일정한 격리가 필요하다. 2장은 자기 자신의 은퇴를 정의하는 데 도움이 되며, 3장은 은퇴 이후의 선택지를 식별하고 평가하는 데 도움이 된다.

셋째, 성공적 은퇴 전환의 유일한 방법은 시행착오를 통한 학습이다.
시행착오를 통해 다음 단계의 삶으로 나아갈 수 있다. 사전에 어떤 계획을 세울 수는 있지만 머리 속으로 모든 것을 사전에 파악할 수는 없다. 심지어 다음 단계의 삶에서 무엇을 하고 싶은지 확실한 계획이 있다고 말하는 사람들조차도 3년 후에 완전히 다른 일을 하고 있는 자신을 발견하는 경우가 많다. 그러니 첫 단계를 밟기 전에 특정 목적지를 정하려고 하지 말고, 새로운 역할, 새로운 프로젝트 및 활동을 잠정적으로 활용하라. 새로운 네트워크를 만들고 당신과 비슷한 마인드를 가진 사람들을 만나고 이미 은퇴를 경험했던 사람들로부터의 조언을 구하고 당신과 같은 관심을 갖는 사람들의 커뮤니티를 찾아보라. 그리고 자기 자신을 더 많이 이해하고 듣고 고쳐 나가기 위해 그들에게 당신 자신에 대하여 이야기하라. 이것이 당신의 재창조를 위한 도구들이다. 4장, 5장, 6장은 당신이 선택을 하고, 필요한 도움을 얻으며, 자신의 가치관에 충실할 수 있도록 돕는다.

허미니아 아이바라 Herminia Ibarra: 런던비즈니스스쿨의 찰스 핸디 조직행동학 석좌교수. INSEAD(2002~2017년)와 하버드비즈니스스쿨(1989~2002년) 교수로 재직했다. 리더십 분야의 권위있는 <Thinkers 50>은 그녀를 세계 최고의 경영 사상가 중 한 명으로 선정했다. 저서로는 베스트셀러인 『리더처럼 행동하라Act Like a Leader』, 『리더처럼 생각하라』, 『업무 정체성Working Identity』 등이 있다.

1장

은퇴란 무엇인가?
What is Retirement Now?

1. 은퇴 패러다임의 변화
2. 은퇴 전환 핵심 프로세스 Teresa M. Amabile와의 인터뷰

1. 은퇴 패러다임의 변화

- 은퇴 패러다임이 바뀌고 있다. 65세 전후에 은퇴하여 여가생활로 진입하는 전통적 은퇴 개념은 그 수명을 다했다.
- 다양한 외적 요인으로 인해 은퇴 시기와 방법을 스스로 결정하지 못하게 될 수도 있다. 자신의 계획이나 예상에서 벗어나는 은퇴를 대비해야 한다.
- 특정 시점의 완전 은퇴가 유일한 옵션은 아니다. 고용주와 단계적 은퇴, 계약직 전환, 퇴사 이후 컨설팅 계약과 같이 기존과 다른 다양한 방식의 업무계약이 가능한지 협상해 보라.
- 은퇴는 끝이 아니라 시작이다. 자신이 쌓아온 경험과 역량을 활용해서 새로운 것을 시도할 수 있는 기회로 활용하라.

미국에서는 매일 1만 명 이상이 65세에 도달한다. 수십 년 동안 이 나이는 전형적인 은퇴 연령이었다. 일부는 50대 초반부터 시작하지만 70세까지 대부분의 사람들은 커리어를 마치고 여가생활에 진입하게 될 것으로 기대되었다. 그러나 지난 20년 동안 이러한 패러다임은 극적으로 바뀌었다. 인구학자 짐오펜Jim Oeppen과 제임스 보펠James Vaupel의 연구를 인용한 『100세 인생The 100-Year Life』의 저자 린다 그래튼과 앤드루 스콧에 따르면 현재 60세인 사람들의 절반은 적어도 90세까지 살 것으로 기대된다. 한편으로 평생 동안의 재정 안정을 약속했던 사회보장과 퇴직연금의 시대는 끝났다. 이런저런 이유로 상당수 직장인들은 은퇴의 의미를 다시 생각하고 있다.

연구자들은 조직이 이러한 추세에 어떻게 대응하고 이를 어떻게 활용해야 하는지에 대한 연구에 상당한 시간을 투자하고 있다. 노화연구 전문가인 켄 다이치트월드Ken Dychtwald는 하버드비즈니스리뷰에 기고한 논문에서 기업이 "은퇴를 은퇴시켜야 하며" 업무경험을 중시하는 문화를 조성하고 유연한 은퇴 연령과 은퇴 방식을 수용함으로써 고령 근로자의 고용을 유지해야 한다고 한다.

우리는 경영진과의 인터뷰를 통해 사람들이 21세기형 은퇴에 어떻게 접근하고 있는지에 대해서도 관심을 갖게 되었다. 다양한 경로를 탐색하기 위해 우리는 캐나다 요크대학의 젤러너 지킥Jelena Zikic 교수와 협업하여 최근에 은퇴했거나 적극적으로 은퇴를 고려 중인 100명의 임원 및 관리자를 대상으로 한 심층 인터뷰를 진행했다. 또한 은퇴에 대한 폭넓은 시야를 얻기 위해 연구 참여자들이 종사하는 산업 분야(금융서비스, 천연자원, 하이테크제조업) 24개 회사의 인사담당자와 인터뷰했다. 관리자의 은퇴가 조직에 중요한 영향을 미치므로 우리는 관리자에게 초점을 맞췄다. 이 사람들은 스스로 은퇴 시기와 방법을 선택할 수 있을 정도의 재정적 자원이 있을 가능성이 크다.

우리는 이러한 인터뷰 대상자들의 의견과 경험을 통해서 은퇴에 대한 생각이 전통적 이론 및 통념과는 크게 다르다는 것을 발견했다. 이 논문은 우리의 연구 결과를 요약한다. 연구를 통해 얻은 통찰력을 통해서, 우리는 모든 세대의 사람들이 경력 후반의 여정을 탐색하는 데 도움이 되는 네 가지 가이드를 제시하고자 한다.

- 계획이나 예상에서 벗어나는 은퇴를 대비하라.
- 자신의 방식으로 은퇴를 정의하라.
- 조직과 새로운 방식의 고용계약을 협상하라.
- 적극적으로 새로운 시도를 하라.

::: 계획이나 예상에서 벗어나는 은퇴를 대비하라

관리자들을 인터뷰하면서, 우리는 특정 연령이나 요건에 도달하는 특정 시점에 정규직에서 은퇴로의 명확하고 돌이킬 수 없는 전환을 하는 사람은 거의 없다는 것을 발견했다. 이들의 커리어는 종종 예측할 수 없는 시점에 여러 가지 방식으로 끝을 맺었다. 일부 관리자는 "전통적인 방식을 따랐다."고 하지만, 다른 관리자는 은퇴 시점에 이르러 새로운 기회를 발견했다고 말하기도 한다. 또한 건강 또는 기타 이슈로 인해 직장을 그만두기도 하고, 넉넉한 퇴직수당을 받고 조기 은퇴하기도 한다. 그리고 구조조정에 환멸을 느끼거나, '퇴출당해서' 직업이나 조직에서 밀려나기도 했다. 요컨대 은퇴의 진행방식에는 매우 다양한 요인이 영향을 미친다.

32년을 근무했던 다국적 통신회사 사업본부장이었던 56세의 루이스Louis의 경우를 보자. 자신과 껄끄러운 관계였던 사람이 최고경영자로 부임하자 그는 계획보다 일찍 은퇴하기로 결정했다. 루이스는 조직개편을 돕기 위해 회사에 2년을 더 있었지만 가능한 가장 빠른 시점에 퇴사했다. 제조회사의 성공적이고 존경받는 지역 영업총괄담당이었던 49세의 앨런Alan도 비슷한 이야기를 한다. 대주주가 바뀌고 구조조정이 진행되면서, 그에게는 전출, 강등, 조기 은퇴라는 3가지 옵션이 주어졌다. 처음에 앨런은 은퇴하기에는 아직 이른 나이라고 생각했다. 하지만 결국 조기 은퇴 패키지를 수락하는 것이 최선이라고 결정했다.

여기서의 교훈은 소수만이 자신의 경력이 끝나는 은퇴 시기와 방법을 완전히 통제할 수 있으므로, 예기치 못한 상황이나 은퇴에 적응할 준비를 해야 한다는 것이다. 인수합병, 전략방향의 변화, 구조조정, 예기치 않은 개인적인 사건들로 인해 은퇴하게 될 수 있다. 계획을 아무리 잘 수립했다고 해도, 원하는 대로 일이 풀리지 않을 수 있다.

⋮⋮ 자신의 방식으로 은퇴를 정의하라

관리자는 은퇴에 대해 이야기할 때 다양한 은유를 사용한다. 어떤 사람들은 은퇴를 업무 스트레스로부터의 해독, 일상의 힘든 일로부터의 해방, 업무의 저단 변속 등으로 생각한다(박스 참조).

당신에게 '은퇴'란 어떤 의미인가

50, 60대 임원들은 자신의 경력 이후 계획을 설명하기 위해 다양한 은유를 사용한다. 다음은 가장 일반적인 은유들이다.

- **상실** 목적 결여, 잊히는 것에 대한 두려움, 정체성 위협

- **르네상스** 새로운 시작, 새로운 단계, 관심사나 열정을 추구할 수 있는 가능성을 제공하는 '빈 캔버스'
- **디톡스** 건강하지 못한 직장생활에서 벗어나는 '해독' 경험
- **해방** 제약으로부터 해방되는 것, 새로운 자유를 향한 질주
- **저단 변속** 느린 속도로의 삶의 전환을 통한 시간 확보
- **경로 유지** 지속적인 참여와 기여, 다양한 환경에서 자신이 보유한 전문 기술의 사용
- **마일스톤** 정점에 도달하고 목표를 달성. 한 단계의 끝과 다른 단계의 시작을 나타내는 표지
- **변화** 새로운 역할이나 라이프스타일에 대한 긍정적인 적응, 새로운 정체성을 가짐

* <Journal of Vocational Behavior> 2011. 10. 게재 논문 일부 수정

    이러한 은유는 건강에 대한 두려움 때문에 불과 50세의 나이에 다국적기업 최고경영자에서 물러났던 짐Jim의 경험을 적절하게 설명한다. 그의 아버지는 40대에 돌아가셨고 짐은 아버지처럼 되고 싶지 않았다.

    다른 사람들은 삶의 르네상스 또는 전환의 기회라는 은유를 사용하기도 한다. 마가렛Margaret은 소비재 기업의 마케팅 및 전략기획 임원에서 물러나 비즈니스스쿨 겸임교수가 되었다. 어

떤 사람들은 은퇴를 경력의 이정표로 여기고 직업적 정체성 상실을 걱정한다. 다른 일부는 단계적 은퇴를 통해 자신의 기술과 역량을 계속 발휘하는 것을 꿈꾸기도 한다. 후자의 좋은 사례는 25년 동안 근무한 석유회사에서 조기 은퇴했지만, 이후 곧바로 동료와 함께 석유시추 벤처를 시작하여 일을 다시 시작한 지질학자 빌Bill의 경우에 해당한다. 그러나 사람들은 은퇴에 접어들면서 은퇴에 대한 관점이 바뀌는 경우가 많다. 처음에는 은퇴를 해방, 골프나 브리지게임, 크루즈 유람선을 타는 자유라고 생각했던 사람들이 경로 유지, 저단 변속 또는 르네상스 모드로 이동하기도 한다.

짐의 나머지 이야기를 살펴보자. 짐은 은퇴 첫해 긴장을 풀고 자신의 모든 것을 소진했던 직업으로부터 회복하는 기간을 가졌다. 그러나 그는 곧 자신의 찬란했던 경력의 어떤 측면을 그리워하기 시작했다. 그는 처음에는 가정에 관심을 돌렸지만 결국 야심 찬 젊은 기업인에 대한 코칭을 시작했다.

연구를 통해서 우리는 유연한 접근방식을 취하고 하나의 은유로부터 다른 은유로 기꺼이 전환할 수 있는 사람이 자신에게 적합하다고 생각하는 은퇴를 만들어 낼 수 있다는 것을 발견했다. 따라서 이러한 중요한 삶의 전환기에 근접해 있다면 잠시 시간을 내서 은퇴가 당신에게 어떤 의미인지 생각해 보라. 어떤 이미

지가 떠오르는가? 우리가 설명한 은유 중 당신의 꿈과 욕망과 일치하는 것이 있다면 무엇인가? 그 어느 것도 당신이 공감하지 않는다면, 당신을 위한 또 다른 경로와 이미지가 있는가? 중요한 것은 자기 자신, 일과 삶에 대한 관점, 앞으로 나아가고 싶은 마음, 자신에게 열려 있는 모든 새로운 활동이나 정체성을 더 잘 이해하는 것이다.

은퇴 후 여러 경로의 여정을 경험할 수 있다는 점도 기억하라. 이러한 다양함은 미래세대에게 훨씬 더 중요하다. 그랜튼과 스코트에 따르면 오늘날 20세인 사람은 100세까지 살 확률이 50%이고, 40세인 사람은 95세까지 살 확률이 50%이다. 한 가지 이상의 은퇴 유형을 시도해 보라.

::: 조직과 새로운 방식의 고용계약을 협상하라

완전 은퇴 대신 상당수 전문가들은 재설계된 은퇴 일정이나 업무 책임을 가지고 조직에 계속 남아 있기 위한 재계약을 체결한다. 하프 타임으로 고용을 계속하기로 협상한 금융기관 고위 간부인 다니엘Daniel을 사례를 보자. 이제 그는 한 달에 2주 동안 해안 황무지에서 낚시와 사냥을 하는 오두막에 은거한다. 그러나 나머지 2주 동안 다니엘은 '생각의 리더'이자 신임 임원의 멘토로서 본사로 돌아간다. 우리 연구에 참여했던 또 다른 경험이 많은 노련한 관리자는 어린 자녀를 둔 두 명의 다른 동료와 일자리 공유를 하기로 했다. 그는 퇴사하고 싶었지만 계속 일하고 싶기도 했다. 동료들은 가족친화적 방식으로 경력을 계속 유지하기를 원했으며, 회사는 계획에 동의했다.

종종 경영자들은 단계적 은퇴라는 접근방식을 취한다. 즉 후임자에게 지식과 책임을 물려주면서 점진적으로 근무시간을 줄이는 것이다. 예를 들어, 연금 수령 연령에 도달한 후 선임임원인 마크Mark는 풀타임의 60%를 기준으로 일하기로 협상했다. 그래서 그는 두 개 팀의 관리자를 멘토링하고 승계계획을 지원함으로써 회사에 계속 기여할 수 있을 뿐만 아니라 자신의 건강 문제를 돌보는 시간을 확보할 수 있었다.

또 다른 대안은 계약직으로 전환하는 것이다. 이러한 전환은 개인(급여 및 재고용 기회)과 조직(전문가 유지) 모두에게 이익이 된다. 50대 중반의 은행가인 피터Peter는 은퇴 6개월 후, 계약직으로 전문지식이 요구되는 중소기업 대출 업무를 수행해 줄 것을 고용주로부터 요청받았다. 50대 초반에 시의원으로 일하기 위해 2년간의 휴직을 요청했던 아담Adam은 또 다른 출구를 선택했다. 그는 한동안 자신의 회사로 돌아갔다가 56세에 공식적으로 은퇴하여 대규모 지역 커뮤니티를 이끌고 있다.

우리는 은퇴를 고려하는 모든 사람에게 회사에 계속 남아있거나 퇴직하는 다양한 방법을 모색할 것을 권장한다. 당신이 하는 일, 당신만의 독특한 경험과 기술, 지식을 돌아보고, 고용주가 당신을 어떻게 생각하는지 면밀히 관찰해 보라. 자신이 맡았던 다양한 역할, 완료한 프로젝트, 가장 의미 있었던 기여, 가장 만족감을 느꼈던 것을 돌아보라.

모든 조직이 혁신적인 파트타임 역할이나 업무 재배치를 촉진할 수 있는 것은 아니지만 생각보다 업무 조정의 여지가 많을 수 있다. 자신이 조직에 기여하고 싶은 업무, 자신이 원하는 은퇴 일정을 충분히 심사숙고했다면 업무상 상사 또는 인사담당자와 비공식적으로 자신의 생각을 공유하라. 이들이 당신을 계속 고용하거나 근무형태의 전환을 위한 유연한 옵션을 제공하기를 꺼리는 경우에는 그러한 유연성을 기꺼이 수용할 수 있는 다른 조직을 탐색하고 접촉하는 것을 고려하라.

∷ 적극적으로 새로운 시도를 하라

오랫동안 은퇴는 사람들이 자선과 봉사활동을 추구하는 시간으로 여겼다. 아마도 인생의 1/3은 교육을 받고, 2/3는 돈을 벌고, 마지막 1/3은 돈을 사용하라는 앤드류 카네기의 조언을 따랐을 것이다. 그러나 오늘날 상당수 은퇴자들은 사회에 재정적으로 기여하는 것 이상의 역할을 하고 있다.

몇 가지 사례는 이렇다. 60대 초반에 예기치 않게 해고된 후 엔지니어에서 펄프 및 제지 산업의 공장 관리자로 전직한 해리Harry는 고등학교 중퇴자들이 시장성 있는 기술을 습득하도록 돕는 일을 시작했다. 은행에서 28년간 근무한 경영교육 및 인적자원개발 전문가인 린다Linda는 50세에 은퇴한 후 에이즈로 부모를 잃은 아프리카 어린이를 위한 고아원을 설립할 목적으로 국제개발을 공부하기 위해 대학으로 돌아갔다. 업무로 인한 번아웃 직전에 있었던 성공적인 투자은행가인 실비아Sylvia는 조기 은퇴하고 주요 문화기관의 재무담당 이사로 무급 일자리를 얻었다. 통신회사 임원이었던 게리Gary는 사회적 기업을 시작하기 위해 퇴사했다.

이제 사람들이 훨씬 오래 살고, 보다 나은 정신적, 육체적 건강 상태를 유지하고 있다는 것을 고려하면, 은퇴 후 보유하고 있던 전문지식을 사용하지 않는다는 생각은 더 이상 이치에 맞지 않는다. 미래 세대, 특히 사회적 의식이 있는 밀레니얼 세대가 수용하게 될 새로운 선례는 은퇴자들이 자신의 지식, 기술 및 재능을 활용하여 지역사회 또는 세상을 변화시키는 것이다. 지금까지 해오던 특정 업무에 싫증이 나더라도 리더십, 팀워크 및 프로젝트 관리 노하우를 다른 여러 가지 활동에 적용할 수 있다. 은퇴는 끝이 아니라 시작이다. 실험하고 탐색하고 가치 있는 일에 참여하고 자신이 가진 것을 활용해서 새로운 것을 시도할 수 있는 기회이다.

헤더 C. 보프 Heather C. Vough: 조지메이슨대학 경영대학원 부교수
크리스틴 D. 바타유 Christine D. Bataille: 이타카대학 경영학부 부교수
레이사 사전트 Leisa Sargent: 시드니대학교 경영대학원 학장
메리 딘 리 Mary Dean Lee: 맥길대학교 데소텔경영대학원 명예교수

* Harvard Business Review 2016년 5,6월호에서 재수록

2. 은퇴 전환 핵심 프로세스
Teresa M. Amabile와의 인터뷰

- 은퇴는 심리적 변화, 사회적 변화, 관계의 변화에 가져다 준다. 은퇴 전환의 핵심과제는 '삶의 재구조화'와 '정체성 변화'이다.
- 삶의 재구조화: 은퇴 이후 어디에서 누구와 시간을 보내고, 일상을 어떻게 재구성할 것인지 생각해야 한다. 은퇴 의사결정, 기존의 사고방식과 일상으로부터 벗어나기, 새로운 생활방식의 탐색과 실험, 새롭고 안정적인 생활구조로의 통합이라는 4단계 과제를 수행하여 삶을 재구조화 하라.
- 정체성 변화: 일과 직업, 조직과 동료를 자신과 동일시하고, 이를 통해서 자신의 정체성을 구성해 왔던 사람들은 은퇴 이후 새로운 정체성을 구축해야 한다. 은퇴 이전 자신의 정체성과 은퇴 이후 새롭게 구축하고자 하는 자신의 모습과 정체성을 연결하는 '정체성 가교identity bridging'를 마련하라.

건강과 부, 이 두 가지가 은퇴시점이 다가오는 사람들의 마음에 가장 먼저 떠오르는 것이다. 은퇴해도 좋을 정도의 재정적 여유가 있는가? 은퇴생활을 즐길 수 있을 만큼 건강한가? 연구에 따르면 사람들이 이 두 가지 질문에 긍정적으로 대답할 수 있을 때 은퇴 후 훨씬 더 행복하다고 한다. 놀라운 일은 아니다.

그러나 직장을 영원히 떠나는 사람들에게는 또 다른 질문이 있다. "나는 지금 누구인가? 그리고 사람들이 나에게 '어떤 일을 하십니까'라고 물었을 때 뭐라고 대답할 것인가?"이다.

일은 정체성의 커다란 부분을 차지한다. 은퇴는 자신의 정체성에 대한 사고방식을 근본적으로 바꾸게 한다.

애머바일Amibile이 주도한 하버드비즈니스스쿨, 퀘스트롬비즈니스스쿨, 벤틀리대학, MIT 슬로안 비즈니스스쿨 공동 연구진은 서로 다른 3개 회사 120명의 임직원을 대상으로 인터뷰했다. 연구는 은퇴가 가져오는 심리적 변화, 사회적 변화, 관계의 변화에 초점을 맞췄다. 연구진은 은퇴 전환의 중요한 두 가지 프로세스로서 '삶의 재구조화'와 '정체성 변화'를 발견했다. 애머바일은 하버드비즈니스리뷰 팟캐스트 아이디어캐스트IdeaCast 진행자인 커트 니키슈Curt Nickisch와 연구 결과에 대하여 인터뷰했다.

::: 은퇴 전환의 어려움

HBR   은퇴가 임박했거나 은퇴 중이라는 사실이, 당신이 연구에 관심을 갖게 된 요인이었습니까.

애머바일 물론입니다. 몇 년 전 연구를 구상하기 시작했을 때 남편은 친구들에게 제가 증거기반evident based 은퇴를 원한다고 말하곤 했습니다. 그것이 사실입니다! 개인적으로 저는 사람들이 은퇴에 대하여 어떻게 접근하는지, 무엇이 보다 좋은 은퇴생활을 만드는지 매우 궁금했습니다. 그리고 저는 사람들이 일과 삶을 경험하는 방식에 초점을 맞추는 조직행동학 연구자로서 직업적으로 은퇴에 관심이 있었습니다.

HBR 그래서요?

애머바일 이전의 연구를 통해서 저는 사람들이 의미있는 일을 통해 성취감을 느낄 때 가장 행복해한다는 것을 발견했습니다. 의미 있는 일을 뒤로 하고 은퇴하면 어떻게 될까요? 그리고 가족, 친구, 동료 중에 일을 뒤로 두고 떠나지 못하는 사람들이 있습니다. 그들은 이러한 은퇴 전환을 원하지 않습니다.

HBR 은퇴는 기차에서 내리는 것과 같다고 할 수 있습니다. 하지만 적어도 기차에는 일정한 추진력이나 방향성이 있다는 점에서 차이가 있지요.

애머바일 정확히 그렇습니다. 업무는 매일 무엇인가가 진행된다는 느낌을 갖게 합니다. 일이 잘 풀리지 않은 기간 중에도 당신은 보통 무언가 성과를 만들어 냅니다. 기차에 대한 당신의 은유는 흥미롭습니다. 왜냐하면 삶이 자신을 따라 움직이고 있고 그 경로가 어디로 가고 있는지 알고 있기 때문입니다. 그런데 기차에서 내리면 미지의 세계로 들어가게 되고 두렵게 여길 수 있습니다. 두려움에 사로잡히는 사람들도 있고, 새로운 기차를 타거나 새로운 탐험을 하는 사람들도 있습니다. 제가 보기에 후자 유형의 사람들이 전환기 및 은퇴 직후에 일반적으로 더 행복한 삶을 사는 것 같았습니다.

HBR 상당수 사람들은 은퇴 이후에 무엇을 하고 싶은지 탐색하는 데에 많은 시간이 걸리는 것 같습니다.

애머바일 우리는 연구에서 은퇴 직전의 기간과 은퇴 후 첫 5~7년, 특히 첫 1년 반에 초점을 맞췄습니다. 어떤 사람들은 은퇴하기 전에 스스로 새로운 경력 이후의 삶을 찾기 시작합니다. 그러나 이런 경우는 드문 일입니다. 저희가 은퇴 이후의 6년간을 추적했던 두 사람이 있습니다. 한 사람은 안정적인 삶으로의 전환 기간이 짧아서 단지 몇 달간의 문제였습니다. 한편 다른 한 사람은 은퇴 후 3년이 지난 후에도 여전히 안정된 은퇴 생활을 하지 못한다고 느끼고 있었습니다.

HBR 사람들은 수십 년 동안 은퇴에 대한 환상을 가지고 있습니다. 그런데 은퇴 후 3년이 지나도 자신이 무엇을 하고 있는지, 어떻게 시간을 보내고 싶은지 확신이 서지 않는다면 큰 문제입니다. 그러면 안 되지요.

::: 삶의 재구조화

애머바일 사람들은 확실히 일의 압박이나 스트레스가 없는 것에 대한 환상을 가지고 있습니다. 이들은 또한 돈 걱정할 필요가 없는 것에 대한 환상을 가지고 있습니다. 사람들은 충분한 은퇴 자금이 있다면 순조로운 항해가 될 것이라고 상상합니다. 하지만 상당수 사람들이 수십 년 동안 무엇인가를 해왔고, 은퇴 이후에도 다른 어떤 것을 해야 한다는 것을 깨닫지 못한다고 생각합니다.

이것이 우리가 연구에서 살펴본 은퇴 전환의 2가지 주요 프로세스 중 하나인 '삶의 재구조화'입니다. 마지막으로 사무실에서 퇴근하는 날 자신의 삶을 재구조화해야 합니다. 은퇴할 때까지 풀타임으로 일했든 파트타임으로 일했든, 은퇴 이후에는 삶에 대하여 다르게 접근해야 합니다. 연구를 통해 발견한 또 다른 주요 프로세스는 '정체성 변화'라고 부르는 것입니다. 이것은 사람들이 은퇴 전환기에 걸쳐 자기 정체성의 중요한 측면을 유지하고 변화시키는 데 도움이 되는 일련의 수행입니다.

HBR 삶의 재구조화에 대해 먼저 묻고 싶습니다. 당신의 연구에서 당신과 연구진은 삶의 재구조화를 '건축가가 되는 것'이라고

	명명했습니다. 무슨 뜻입니까?
애머바일	'삶의 구조'는 삶의 주요 맥락입니다. 시간을 보내는 지리적, 물리적 공간, 참여하는 주요 활동, 자신의 삶에서 가장 중요한 관계 같은 것입니다.
HBR	현업을 떠나면 이러한 구조의 많은 것이 사라집니다.
애머바일	은퇴한 사람들에게 "현업으로 있었던 기간이 그립습니까?"라고 질문하면, 대부분은 "일이 그리운 게 아니라 사람이 그립습니다."라고 대답합니다. 우리 대부분은 이러한 업무관계가 얼마나 중요한지 깨닫지 못합니다. 우리는 또한 작업구조가 얼마나 중요한지 깨닫지 못합니다. 우리는 조직이 우리를 위해 만든 삶의 구조에 거주하는 일종의 세입자로서 수십 년을 살아왔습니다. 우리는 월요일부터 금요일까지 오전 9시에 어디에 있어야 하는지 알고 있었으며, 무엇을 해야 하는지, 누구와 관계를 맺어야 하는지 거의 알고 있었습니다.
HBR	심지어 무엇을 먹어야 할까도 그렇지요.
애머바일	우리가 무엇을 먹을지, 어디서 먹을지도 그렇습니다. 월요일부터 금요일, 9시부터 5시까지 우리는 일의 구조 속에 있었습니다. 그리고 이러한 구조로 인해 주말도 그 구조를 중심으로 구성되었습니다. 아마도 일주일 중 하루 또는 일부는 주중에 할 수 없었던 집안일을 하는 날이었을 것입니다. 은퇴자

중 한 명이 저에게 이렇게 말합니다. "저에게 일요일 이전에는 토요일, 토요일, 토요일이 있을 뿐입니다."

HBR 그렇지요. 은퇴자에게는 1년에 300번의 토요일이 있지요.

애머바일 확실히 그렇습니다. 은퇴자는 자신이 원하는 것은 무엇이든 할 수 있습니다. 좋은 일이지만 한편으로 불안해합니다. 어디에서 시간을 보내고 그 시간을 어떻게 구성할 것인지 생각해야 합니다. 삶을 재구성하기 위해서 수행해야 할 4가지 과제가 있습니다. 평생 동안 직업을 가진 사람들에게 있어서 성인발달의 중요한 부분에 해당하므로, 우리는 이것을 '발달과제'라고 말합니다.

첫 번째는 은퇴 결정입니다. 이것은 은퇴 시기, 은퇴 방법과 같은 삶의 구조를 결정하는 것입니다. 그러나 이것은 단지 일에 대한 결정이 아닙니다. 대부분의 사람들이 파트너 관계를 맺고 있기 때문에 관계에 관한 것이기도 합니다. 그들에게는 삶을 함께할 배우자나 중요한 다른 사람이 있습니다.

HBR 당신은 연구를 통해서 은퇴하고 집에 돌아와서 양념통을 알파벳순으로 정리했던 남편에 대한 이야기를 공유했습니다.

애머바일 우리가 가장 좋아하는 사례 중 하나인 베이비붐 세대 부부의 경우입니다. 전업주부였던 아내는 자신만의 삶의 구조를 가지고 있었는데, 30~40년 동안 평일 시간의 대부분을 아내와 함께 보내지 못했던 은퇴한 남편으로 인해 자신의 영역을 침범당하고 있었습니다.

은퇴 첫날 남편은 아내가 자원봉사를 하러 외출한 사이, 양념통을 모두 알파벳순으로 정리했지요. 집에 돌아온 아내는 이걸 보고는 "당신은 하루에 적어도 4시간은 외출해야 돼!"라고 버럭 화를 냈습니다. 그래서 그들은 서로 다른 곳에 있기로 합의했습니다. 이후 아내는 남편이 어디에 있든 신경쓰지 않았고, 남편은 자신의 일을 찾기로 했습니다. 이후 남편은 동네 이웃들과 정기적으로 아침 봉사활동을 했습니다. 이렇게 은퇴 이후에는 배우자와 일종의 협상이 필요합니다. 많은 경우 우리는 유사한 사례를 발견하게 됩니다.

두 번째 발달과제는 업무로부터 자신을 격리하는 것입니다. 어떤 사람들은 마지막 출근할 때 배낭을 벗어놓고 걷는 기분이었다고 합니다. 하지만 적지 않은 사람들에게는 이것이 그리 쉬운 일이 아닙니다.

HBR 그들은 함께 회사에서 일했던 사람들에게 전화를 걸기도 하지요

애머바일 그렇죠. 또는 소셜미디어에 숨어서 자신이 근무했던 사무실에서 어떤 일이 일어나고 있는지 파악하려고 하기도 합니다. 그들은 여전히 오전 5시에 일어나고, 아침 식사 후에 컴퓨터

에 앉아 일할 때처럼 이메일을 확인하기도 합니다. 다른 일부 사람들은 심리적으로 전환에 어려움을 겪습니다. 업무를 하지 않으면서도, 일에 대해 생각하고 직장에 계속 있다고 느낍니다.

세 번째 발달과제는 새로운 잠정적인 은퇴 생활 구조를 탐색하고 실험하는 것입니다. 이 작업은 모두 은퇴 전 삶의 안정적 느낌과 은퇴 후 삶의 안정적 느낌 사이의 경계를 관리하는 것입니다. '경계liminal'란 어떤 종류의 변화의 한가운데에 있는 것을 의미합니다. 사람들은 경계 관리를 위한 다양한 전략을 가지고 있습니다. 어떤 사람들은 매우 신중하게 계획하지만, 다른 사람들은 명확한 계획을 세우지 않고 여러 가지 가능성을 생각하기도 합니다.

우리가 인터뷰했던 한 사람은 은퇴를 앞두고 몇 가지 아이디어를 이야기했습니다. 그는 선임 프로젝트 리더로서 전문성을 제고하여 "프로젝트 관리에 관한 책을 쓰거나 강의함으로써 사회에 환원하고 싶습니다."라고 말했습니다. 글쎄요. 하지만 은퇴한 지 5년이 지난 후 제가 그를 마지막으로 인터뷰했을 때까지, 그는 어떠한 저술이나 강의도 진행하지 못하고 있었습니다. 이것은 우리가 인터뷰한 상당수 사람들에게 실제로 일어나는 일입니다.

인터뷰 말미에 저는 "지금까지 은퇴해서 좋은 점이 무엇인가요?"라고 질문하곤 합니다. 놀라울 정도로 많은 사람들이 망설임 없이 "자명종에 소리에 깨지 않는 것"이라고 대답합니다. 그리고 다른 상당수 사람들은 자신이 원하는 대로 하루를 구성할 수 있는 자유와 유연성을 가장 좋은 것이라고 말합니다.

HBR 그렇지 않다면…….

애머바일 그리고 그들은 무언가에 - 특히 어떤 야심 찬 과제에 - 전념하는 것을 거부합니다. 은퇴가 주는 자유가 너무 좋게 느껴지기 때문입니다. 이것은 우리가 발견한 또 다른 사실을 보여줍니다. 거의 모든 사람이 은퇴 직후 매우 행복해합니다. 그 범위는 만족스러운 느낌, 매우 만족스러운 느낌, 완전한 행복감에 이르기까지 다양합니다.

HBR 거대하고 거대한 부담이 사라지는 것이지요.

애머바일 엄청난 스트레스였던 출퇴근이 없고, 주어진 일을 끝내지 못하거나 하루 종일 발등에 떨어진 급한 불을 꺼야 하는 스트레스가 없습니다. 어떤 사람들은 이러한 꽉 짜인 구조가 없는 것을 너무 좋아해서, 은퇴 후 6개월 또는 1년 동안 평소에 자신이 희망했고 여전히 하고 싶어 하는 자원봉사 활동을 하는 것조차 꺼려하기도 합니다. 장소와 시간에 매여있는 것을 원하지 않기 때문입니다. 그러나 사람들은 휴가와 같이 느껴졌던 초기 기간이 지나면, 하루의 일정을 짜야 합니다. 예를 들어 자전거 애호가였던 어떤 남자는 자전거 가게에서 아르바이트를 시작했습니다. 그는 자신의 커리어에서 내려왔을 때를 '착륙 지점'이라고 불렀습니다.

HBR 이 연구에서 얻을 수 있는 교훈 중 하나는 은퇴를 앞두고 단순히 재정문제의 해결만이 아니라 자신이 하고 싶은 일에 대해 생각해야 한다는 것입니다. 하지만 그런 경우에도 실제로 은퇴하기 전에는 어떤 일이 벌어질지 알 수 없을 것 같습니다.

애머바일 그렇습니다. 모든 것이 바뀝니다. 이제 4가지 발달과제 중 마지막 단계가 있습니다.

새롭고 상대적으로 안정적인 삶의 구조로 통합하는 단계입니다. 우리가 인터뷰한 많은 사람들은 새로운 삶의 구조를 갖게 되는 시점에 도달했습니다. 그리고 더 이상 긴박감이 없습니다. 통합 단계가 의미하는 바는 무엇일까요? 자기 자신의 인생을 파악하고, 자신이 옳다고 느끼는 삶에 머무르는 느낌이 들었다고 합니다. 어떤 사람들에게는 은퇴 후 몇 달 안에, 더 자주는 6개월에서 1년 내에 일어나는 일입니다. 하지만 어떤 사람들은 3~4년이 지난 후에도 새로운 삶의 구조를 완전히 적응하지 못하고 있다고 느끼기도 합니다. 그렇기 때문에 은퇴를 앞둔 사람에게 파트타임 업무를 제공하여 점진적으로 은퇴에 적응할 수 있도록 하는 프로그램을 가진 조직이 있으면 아주 좋을 것 같습니다.

HBR 그것이 당신이 지금 하는 일입니다.

애머바일 그렇지요. 그것이 제가 하는 일입니다. 저는 대부분의 평일에 자유와 유연성을 경험할 수 있기 때문에 좋습니다.

HBR 어떤 의미에서는 갑작스럽게 약물처방을 중단했을 때 느끼는 신체적 불안감과 유사한 것 아닐까요?

애머바일 평일 낮 사무실에 있어야 하는데 집에 있을 때 느끼는 불안감 같은 것이지요. 우리가 인터뷰한 사람들 중에는 몇 주 또는 몇 달 동안 휴식을 취하면서 자유와 유연성을 경험한 은퇴자들이 많이 있습니다. 이것은 은퇴 초기에 좋은 방법이 될 수 있습니다. 그런 다음 그들은 자원봉사를 함께 하는 사람들과 이야기를 나누기 시작했고 지역사회에 참여하기 시작했습니다. 또는 은퇴하기 전에 여가시간 동안 즐겼던 일을 더 많이 하기 시작했습니다. 종종 이러한 활동을 통해 멋진 새로운 친구를 만들기도 합니다.

::: 정체성의 변화

HBR 하지만 어떤 사람들에게는 다음과 같은 질문으로 인해 은퇴 전환이 정말 어렵다는 것을 깨닫게 됩니다. '나는 누구인가? 나는 무엇을 하고 있는가? 내가 어떤 쓸모가 있을까?'

애머바일 우리 연구에서 사람들에게 했던 인터뷰 질문 중 하나를 여쭤봐도 될까요? 당신은 자신의 일에 대하여 단지 자신이 하는 일일 뿐이라고 말할 것 같습니까? 아니면 일 자체가 당신의 정체성이라고 말할 것 같습니까?

HBR 저는 일을 자신의 정체성이라고 말할 것 같습니다. 그런데 저는 이것에 대해 약간 복잡한 감정을 가지고 있습니다. 경력을 돌이켜보면 아마도 저는 제가 회사와 역할에 강한 정체성을 느꼈습니다. 그로 인해 저는 정도 이상으로 회사를 위해 자신을 착취했던 것 같습니다. 그 이유 중 하나는 제가 자라온 방식과 관련이 있다고 생각합니다. 아버지는 직업군인이었고, 저는 정말 조직과 해야 할 일에 대한 강한 의무감을 갖고 있었습니다.

애머바일 조직에 대한 충성심일 수도 있습니다.

HBR 그렇지요. 그리고 적절한 균형을 찾는 것은 힘든 일입니다.

애머바일 글쎄, 당신의 대답은 사람들이 자신의 정체성에 대해 어떻게 생각하는지 약간 엿볼 수 있게 합니다. 우리가 인터뷰했던 많은 전문가, 지식근로자들은 자신이 하는 일, 직업, 조직 또는 동료와의 동일시가 매우 강합니다. 은퇴하면 이러한 강한 정체성은 어떻게 될까요? 우리가 '정체성 가교'라고 부르는 것이 있습니다. 이것은 은퇴 전에 가졌던 자신의 중요한 정체성을 어떻게든 유지하거나 강화하는 것입니다. 우리의 연구 결과는 자신의 일과 자신을 강하게 동일시했던 사람들의 경우, 어떠한 '정체성 가교'가 있다면 훨씬 전환이 쉽다는 것을 시사합니다. 그렇게 하는 한 가지 중요한 방법은 자신의 업무 정체성의 일부를 연결하는 것입니다.

HBR 그래서 비영리단체와 자원봉사를 위해 일하기도 하지요.

애머바일 그렇습니다. 그렇게 하는 것이 '정체성 가교 놓기identity bridging'의 한 가지 방법입니다. 우리가 인터뷰한 어떤 사람은 조직의 리더 역할이 그의 업무 정체성의 중요한 측면이었습니다. 그는 자신이 오랫동안 신자였던 교회의 자원봉사활동에서 리더 역할을 맡음으로써 자신의 기존 정체성과 연결하고, 그 정체성을 은퇴 후 삶으로 가져왔습니다. 그는 매우 만족스러웠고, 은퇴자로서 자신의 핵심정체성에 대한 설명을 요청했을 때 기꺼이 '리더'라는 단어를 사용했습니다.

어떤 인터뷰 대상자는 은퇴 후 자신의 1인 컨설팅 회사를 시작하여 업무 정체성을 연결할 수 있었습니다. 은퇴 전 그녀의 마지막 역할은 신입 사원을 지도하는 것이었는데, 그녀는 그것을 너무 좋아해서 자신의 소명이라고 생각했습니다. 그녀는 자신의 경력 기간 중 비교적 늦게 이러한 소명을 발견했습니다. 그녀는 은퇴 후 젊은 관리자와 사업가를 지도하는 컨설팅 사업에 집중하기로 결정했습니다. 우리 연구에 참여한 몇몇 사람들은 벤처기업을 시작했는데, 피고용인으로서의 정체성이 중심이었던 사람들은 정규직에서 내려오는 것을 두려워했습니다. 많은 사람들은 이것을 '절벽에서 뛰어내리기' 또는 '허공 속에서 뛰어들기'라고 명명합니다.

은퇴 후 수리공으로 전직한 사람이 있습니다. 그는 고급 기술자로 경력을 쌓을 때도 집 주변의 물건을 고치는 것을 좋아했습니다. 그는 말합니다. "그거 알아요? 나는 이웃과 친구, 지역사회 사람들을 위해 이것을 할 수 있습니다." 그래서 그는 실제로 작은 개인회사를 창업하고, 명함을 인쇄했습니다. 그는 많은 비용을 청구하지 않았고, 수리공 일에 많은 시간을 투입하지도 않습니다. 그러나 사람들이 그에게 무엇을 하느냐고 물었을 때 그는 주저 없이 자신의 명함을 줍니다. 어떤 유형의 일을 하는 것이 그에게는 정말 중요했습니다. 그것은 노동자의 정체성을 새로운 유형의 것으로 만드는 것과 같습니다.

어떤 사람들에게는 은퇴 전환을 가로지르는 중요한 정체성은 업무 정체성이 아닙니다. 그들은 현업에서 일하고 있을 때 가졌던 업무 정체성 외에 새로운 정체성을 강화하거나 개발합니다. 우리가 본 가장 대표적인 사례 중 하나는 은퇴하기 전에 좋아하는 취미를 가졌는데 은퇴 후에 훨씬 더 강렬하게 참여하는 경우입니다. 예를 들어 기타 연주를 즐겼던 어떤 사람은 은퇴 후 밴드에 합류했고 곧 뮤지션으로서 자신의 정체성을 보다 완전하게 개발했습니다. 이런 종류의 정체성 연결은 매우 만족스럽고 즐거울 수 있습니다. 때때로 은퇴하는 사람은 자신의 정체성의 중요한 부분을 은퇴 이전에 맺었던 관계에 초점을 맞춥니다. 그리고 그들은 이제 그 사람과 더 많은 시간을 보내면서 관계를 심화시키고 있습니다.

예를 들어 아버지로서의 정체성이 얼마나 중요한지에 대해 이야기하는 은퇴자가 있었습니다. 그는 세 자녀가 있었고 막내딸은 은퇴할 때까지 집에 있었습니다. 막내는 고등학교에 다니는 10대였고 학업과 다른 여러 가지 문제로 인해 어려움을 겪고 있었습니다. 그는 막내와 친밀한 관계를 유지했지만, 과중한 회사 업무 때문에 많은 시간을 함께 하지 못했습니다. 그는 은퇴 후 딸아이와 훨씬 많은 시간을 함께 했습니다. 그는 딸의 학습을 도왔고 숙제를 같이 했습니다. 그리고 그것은 그의 삶을 정말 풍요롭게 했습니다. 이전에는 아버지로서의 역할은 그의 정체성의 작은 부분이었는데, 이제는 아버지로서의 정체성에 가교를 놓았습니다. 이제 아버지로서의 역할은 그의 정체성의 아주 큰 부분을 차지합니다.

HBR 당신은 젊었을 때 경주용 자동차를 좋아했다가 은퇴할 무렵 경주용 자동차를 구입했던 사람과 같이 과거의 추억을 꺼내는 사람들에 대한 사례도 이야기했습니다. 고전적인 은퇴 프로젝트이죠.

애머바일 그렇습니다. 우리는 그것을 '휴면정체성 활성화'라고 합니다. 그 사람은 업무의 압박과 승진의 사다리를 오르기 전까지는 열렬한 경주용 자동차 애호가였습니다. 그리고 경력 초기에 아내는 그에게 "우리에게는 어린 아이가 있는데, 당신은 위험한 일을 하고 있어요. 제발 자동차 경주에 나가지 마세요."라고 간청했습니다. 그래서 그는 경주용 자동차를 팔았습니다. 그러다 은퇴가 가까워지자 다시 경주용 신차를 뽑았습니다. 그의 아내는 이렇게 말했습니다. "좋아, 그렇게 해." 그는 경주용 자동차 커뮤니티에 다시 참여했고 그룹 라이딩을 즐깁니다. 이것은 그에게 아름다운 정체성 다리가 되었습니다.

HBR 많은 경우 이것이 일깨우는 바가 있습니다. 저는 이것이 미국이라는 회사의 실패가 아닌가 생각합니다. 왜냐하면 산소통을 지고 기업 사다리를 등반하는 것과 같기 때문입니다. 그리고 상당수 사람은 그럴 여유조차 없습니다. 물론 은퇴를 잘 준비할 수도 있습니다. 그렇지만 회사가 종업원들에게 기대하는 일하는 방식은 은퇴 이후에 진정한 자신이 누구인지 알아차리지 못하게끔 하지요.

애머바일 전적으로 그렇습니다. 우리 정체성의 많은 부분은 일을 통해 형성되었습니다. 우리 대부분은 온통 일에 온 마음을 쏟게 되어, 자신의 다른 정체성을 위축되도록 내버려 두게 됩니다. 예를 들어, 저는 요리실력이 형편없습니다. 부분적으로는 저의 멋진 남편이 미식가 요리사이고, 저보다는 생활이 여유롭기 때문이기도 합니다. 인터뷰 대상자들을 통해 살펴본 흥미로운 점의 하나는 사람들이 자신의 커리어에 완전히 몰두하고 있는 동안에도 직장 밖에서 어떤 창의적인 활동을 유지한다면, 은퇴 후 발전시킬 수 있는 무언가가 되기 때문에 좋은 대안이 된다는 것입니다. 이것은 자연스러운 '정체성 가교'를 제공합니다.

HBR 당신은 이러한 연구를 바탕으로 당신 자신의 은퇴 계획을 변경하셨나요?

애머바일 저는 제가 좋아하는 연구에 시간을 할애할 수 있었을 뿐만 아니라, 다른 일에도 시간을 낼 수 있었습니다. 그 중 하나는 할머니로서의 역할입니다. 저의 또 다른 취미는 문학입니다.

저는 더 많은 시간을 할애해서 시를 읽고 쓰려고 노력합니다. 남편, 딸, 다섯 자매와도 관계가 깊어졌습니다. 이 모든 것은 저의 삶을 엄청나게 풍요롭게 합니다.

HBR 당신은 은퇴 후 사람들에게 자신을 무엇이라고 말씀하실 것 같습니까?

애머바일 저는 하버드비즈니스스쿨의 은퇴 교수라고 말하고, 제가 은퇴 생활을 통해 무엇을 하고 있는지 말할 것입니다.

테레사 M. 애머바일 Teresa M. Amabile: 하버드비즈니스스쿨 교수이자 『The Progress Principle』의 공동 저자. 그녀와 그녀의 공동 연구진은 사람들이 은퇴 전환으로 다가가고 경험하는 방식에 대하여 연구하고 있다.

커트 니키슈 Curt Nickisch: 하버드비즈니스리뷰 수석 편집자이며 팟캐스트인 HBR IdeaCast의 제작자이자 진행자. NPR, Marketplace, WBUR, 및 Fast Company에서 저널리스트로 활약했다.

* HBR IdeaCast 2019. 1. 15. 에피소드 〈은퇴는 당신의 정체성을 어떻게 변화시키는가〉 인터뷰를 수정 재수록

2장

자신의 은퇴를 스스로 디자인하라
Define Retirement For Yourself

3. 다음 단계의 삶을 디자인하라
4. 팬데믹 경험이 삶의 전환에 주는 교훈
5. 보다 나은 삶을 위한 은퇴 조형crafting
6. 목적이 있는 은퇴
7. 성공적 은퇴를 위한 전환 기술

3. 다음 단계의 삶을 디자인하라

- 모든 사람에게 은퇴가 같은 의미일 필요는 없다. 자신의 언어로 은퇴의 의미를 정의하라.
- 현업에서의 익숙했던 생활패턴에서 벗어날 준비를 하라. 자신의 오래된 정체성을 떠나보내는 애도의 시간이 필요하다.
- 은퇴 후 자신 앞에 새롭게 주어질 세상을 상상하라. 비전을 수립하면 새로운 신경회로가 생성되고, 다음 단계 삶을 위해 다양하게 시도할 수 있다.
- 새로운 계획을 시도해 보라. 이러한 프로토타이핑을 통해 실제로 작동되는 것과 그렇지 않은 것을 확인할 수 있다.
- 새로운 목적의식과 정체성, 루틴을 구축하라. 계획할 시간이 있다면 최소한 하나 이상의 새로운 '정체성' 또는 관심 영역을 미리 준비하라.

    조지 손George Thorne은 텍사스 주 오스틴에 있는 자신의 병원에 들어서면 직원들과 인사하고, 그들의 자녀와 애완동물의 안부를 묻는다. 30년 이상 안과의사로 일한 그는 자신의 경력을 사랑한다. 그러나 65세의 나이에 접어들면서 그는 수술을 중단하고 병원을 폐업하기로 결정했다. 그는 아쉬워하면서 이렇게 이야기했다. "은퇴 이후에 어떻게 될지 잘 모르겠습니다. 하지만 은퇴할 때가 된 것 같습니다."

조지는 내가 임원 코칭에서 만나는 여느 많은 베이비붐 세대와 같다. 그들은 성취했고 정체성의 핵심인 좋은 경력을 가지고 있었다. 소위 은퇴 연령에 가까워지면 그들은 오랜 직업에서 스스로 그만두거나 어쩔 수 없이 은퇴하게 된다. 그러면서 삶의 다음 단계에 대해 다소 불안해한다. 그들의 주요 관심사는 재정보다는 정체성과 변화와 관련된 것이다. 경력을 뒤로 하고 성공적으로 자신을 재창조할 수 있는 방법이 무엇인가? 삶의 다음 단계는 어떤 모습이 될 것인가? 어떻게 하면 지루하지 않은 은퇴 생활을 할 수 있을까?

나는 내 친구 애런Aaron에게 이런 농담을 한 적이 있다. "베이비 붐 세대를 난처하게 만들고 싶다면 은퇴에 대해 질문해 보라." 상당수 베이비 붐 세대에게는 R-단어retirement에 대한 알레르기가 있다. 그 이유는 충분히 이해된다. 은퇴는 많은 사람들에게 죽음, 골프, 빙고 게임 같은 것에 대한 어떤 이분법적인 선택을 의미한다. 21세기 현실은 훨씬 더 유동적이고 개인화되고 있는데, 은퇴는 어떤 고정된 목적지를 제시한다.

그래서 나는 이러한 작업을 은퇴 계획이라는 틀에 가두기 보다는, 조지와 같은 사람들이 다음 단계의 삶을 설계하는 어떤 것으로 생각하기를 권장한다. 이것은 단지 듣기 좋은 문구가 아니다. 이런 식으로 은퇴를 포지셔닝하면 보다 주도적인 프로세스를 생성할 수 있다. 가능성의 범위를 넓힐 수 있고 은퇴를 최종적인 어떤 것이 아니라 새로운 단계로 나아가는 것으로 생각하게 하고, 자신이 조종석에 앉아 있다는 느낌을 갖도록 한다. 그리고 무엇보다 재미있다. 이것은 계획해야 하는 은퇴가 아니라, 당신 스스로 설계하는 재창조 작업이다.

삶의 다음 단계를 원활하고 만족스러운 경험으로 디자인하는 데 도움이 되는 몇 가지 기법은 다음과 같다.

::: 은퇴를 자신의 언어로 명명하라

이 상황에서 사람들에게 가장 먼저 질문하는 것 중 하나는 은퇴에 대하여 무엇이라고 이름 붙이고 싶은가 하는 것이다. 은퇴에 대해 이야기할 때 어떤 단어를 사용하고자 하는가? 일부는 은퇴라는 단어를 고수하지만, 다른 사람들은 '앙코르 경력', '놀이 시간' 또는 '사회 환원'과 같은 주제별 이름을 제시한다.

내 친구 크레이그Craig는 다국적기업에서 성공적인 경력을 쌓은 후 2년 전 포춘 100대 기업의 CIO에서 퇴임했다. 63세인 그는 더 이상 전통적인 의미의 일을 하지는 않는다. 하지만 자신이 은퇴했다고도 생각하지도 않는다. 그는 여행하거나 가족과 시간을 보내는 것 외에도 창업 초기 기업에 자문을 제공하고, 정치 캠페인을 지원하는 활동을 한다. 내가 그에게 "인생의 이 장을 뭐라고 부르느냐?"고 물었을 때 그는 "나의 용도 변경 단계입니다."라고 대답했다. 크레이그에게 있어 '용도 변경 단계'는 '은퇴'라고 말하는 것보다 낫다. "나는 사람들이 나에게 전화하는 것을 좋아한다. 나는 여전히 어떤 일과 활동에 개입하고 있다고 느끼고 싶다."라고 그는 말한다.

인생의 다음 장에 대하여 이름을 붙이는 것은 그것을 통제하고 자신의 것으로 만드는 첫 번째 단계이다. 자신의 언어를 사용하여 명명하면 다음 단계가 자신에게 무엇을 의미하는지 명확하게 알 수 있다. 이름이 모든 사람에게 같은 의미일 필요는 없다. 다만 당신에게는 의미가 있어야 한다.

::: 익숙했던 생활 패턴에서 벗어날 준비를 하라

2주 전에 어떤 회사의 부사장은 나에게 전화해서 인수합병 이후 해고됐다고 말했다. "어제 통보를 받았습니다. 저는 이제 무엇을 해야 할지 모르겠습니다. 은퇴할 때가 된 것도 같구요. 잘 모르겠네요."라고 그녀는 말했다. "다음 단계에 무엇을 할 것인지 그려보기 전에 시간을 조금 가져 보는 것이 어떨까요. 하이킹이나 뭐라도 하러 가는 게 어떨까요. 그리고 몇 주 후에 이야기합시다."라고 나는 대답했다. 어제 나는 오레곤주의 어떤 산에 머무르고 있는 그녀에게서 이메일을 받았다. 그녀는 내 조언을 곧이곧대로 받아들였다! "저는 이러한 휴식이 얼마나 필요한지 몰랐어요."라고 그녀는 썼다.

고위직 경력에서 물러날 때 상당수 사람들은 변화를 통해 힘을 얻고 싶어 한다. 마치 어떤 활동의 소용돌이나 극적인 몰입을 경험하면, 바쁜 일상에서 내려올 때 느껴지는 상실감이나 방향감각 상실을 완화시킬 것이라고 믿는 것 같다. 그보다는 오래된 생활패턴과 경험에서 벗어나는 시간과 공간을 갖도록 해보라. 당신의 오래된 정체성을 떠나보내는 애도의 과정이 필요하다는 것을 인식하라. 이것은 스위치를 켜고 갑자기 밝은 새로운 방에 들어가는 것과 비슷하다. 다양한 단계를 거치게 된다. ('은퇴 또는 삶의 다음 단계 계획을 위한 4가지 질문'을 참조하라.) 위에서 언급한 크레이그는 CIO 역할을 그만두고 6개월 동안 무언가 해야 한다는 압박감 없는 시간을 보냈다. "그것은 제가 했던 최고의 일 중 하나였습니다."라고 그녀는 말한다. 그녀는 자신이 이전의 정체성을 벗어 던지는 과정이 있어야 한다는 것을 알았고, 자신을 회복할 수 있는 여지를 허용했다.

은퇴 또는 삶의 다음 단계 계획을 위한 4가지 질문

다음은 은퇴 또는 재창조를 계획할 때 고려해야 할 4가지 주요 질문이다.

1. 어느 정도의 수입이 필요한가?
은퇴 계획에 있어서 일정 금액의 수입이 필요한 경우 해당 기준이 우선되며 선택사항은 제한된다. 특히 커리어의 대부분을 보낸 분야에서 정규직으로 계속 일해야 할 수도 있다. 이 경우 보통은 당신이 쌓아 온 경력과 경험에 대해 보다 많은 월급을 받을 수 있다. 그러나 높은 수준의 월급을 받는 것이 꼭 필요하지는 않은 경우라면 고려해야 할 다른 질문이 있다.

2. 어느 정도의 독립성을 원하는가?
일정 정도의 일을 하면서 여행과 균형을 맞추고자 하거나, 온화한 지역에서 겨울을 지내고 싶다면 '업무 위치 독립적' 은퇴 방법을 검토해 보고 싶을 것이다. 1년 중 일정 기간 동안에만 일하고 나머지 시간에는 유연성이 허용되는 직업(예: 교사 또는 대학 강사)을 선택할 수도 있다. 또는 근무지에 얽매이지 않고 일할 수 있는 직업(예: 프리랜서 작가 또는 컨설턴트) 또는 원격 근무 또는 하이브리드 옵션을 제공하는 회사를 선택할 수도 있다. 업무수행을 위한 연락을 유지할 수 있는 네트워크가 있는 한, 근무 장소가 어디인지는 중요하지 않을 수 있다.

3. 얼마나 근본적인 변화를 추구하는가?

현재 자신이 하고 있는 일을 좋아하지만 단순히 저단 변속을 원하는 경우에는 몇 가지 쉬운 옵션이 있다. 하나는 현재 고용주와 풀타임 직원에서 컨설턴트 역할로 고용계약 전환, 즉 일주일에 며칠만 일하거나 특정 기간에 집중적으로 일할 수 있는지, 그 가능성에 대해 협상하는 것이다. 이것은 당신이 퇴사하기 전에 보장된 월급을 받으면서 은퇴로의 전환을 쉽게 할 수 있다. 또는 당신을 컨설턴트로 고용하고자 하는 다른 업체를 접촉할 수도 있다. 보다 급진적인 변화를 추구하는 경우, 현재의 업무 분야를 떠나고 나면 새로운 직업에 대한 가능성이 낮으므로 조기에 기초 작업을 시작해야 한다.

4. 미래의 커리어를 미리 시도해 보고자 하는가?

나의 책 <자신을 재창조하기 Reinventing You>에는 미용사로 경력을 시작했지만, 자신이 대중강연을 좋아한다는 것을 알게 된 페트리샤 플립 Patricia Fripp이라는 여성의 이야기를 담고 있다. 그녀는 헤어 쇼에서의 강연을 시작으로 자신의 프리젠테이션 스킬을 개발해 왔다. 이후 몇몇 미용실 고객이 그녀를 초대하여 고객 서비스팀과 영업팀에게 강연할 수 있도록 했다. 강연에 대한 열정에도 불구하고, 그녀는 곧바로 본업을 그만두고 대중연설을 통해 생계를 꾸려나가는 것은 경솔한 결정일 수 있다는 것을 알고 있었다. 그 대신 그녀는 미용실을 10년 동안 계속 운영하면서, 새로운 직업으로 원활하게 전환할 수 있도록 강연 비즈니스를 구축하기 위한 장기계획을 세웠다. 그녀는 사전 계획에 착수하여 보다 많은 활주로를 테스트하고 다양한 방면으로 시도하면서, 동시에 안정적인 정규 수입을 유지했다.

많은 사람이 은퇴 이후에도 계속 일하기를 원하거나 일을 할 필요가 있다. 그리고 이상적으로는 흥미롭고 개인적으로 성장할 기회를 얻고자 한다. 스스로에게 이러한 질문을 던지고 가능한 한 빨리 행동을 계획하기 시작하면 의미 있는 다음 단계의 삶으로 쉽게 전환할 수 있다.

Dorie Clark: 듀크대학 푸쿠아경영대학원에서 강의하는 마케팅 전략가이자 기조연설자. <Thinkers 50>이 선정한 세계 50대 비즈니스 사상가 중 한 명으로 선정되었다. 『The Long Game: How to Be a Long-Term Thinker in a Short-Term World (Harvard Business Review Press, 2021)』이 그녀의 최근 저작이다.

::: 자기 앞에 놓인 새로운 세계를 상상하라

전환 과정에서 유용하게 사용할 수 있는 도구 중 하나는 '삶의 수레바퀴wheel of life'이다. '삶의 수레바퀴'는 재미, 건강, 돈, 친구, 경력, 배우자, 물리적 환경(가정) 및 개인적 성장 등을 나타낸다. 이 도구를 활용하여 삶의 각 범주를 살펴보고 각각에 대한 자신의 비전을 작성한다. 현재 각 영역에서 자신이 어느 수준에 위치해 있으며, 전환 과정에서 이를 어느 수준으로 가져가고 싶은가? 배우자나 파트너가 있다면 이들을 참여시킨다. 재창조는 결국 팀 스포츠이기 때문이다.

간단하지만 놀랍도록 강력한 또 다른 연습은 종이 한 장 위에 3년 후의 당신의 삶의 모습을 그려보는 것이다. 그림 그리기 대신 비전 보드를 사용할 수도 있다. 비전을 수립하면 새로운 신경 경로가 생성되고, 삶의 다양한 비전을 시도할 수 있으며, 당신과 파트너에게 중요한 것이 무엇인지 알아내는 데 도움이 된다.

::: 새로운 계획을 실험해 보라 (프로토타이핑)

모든 디자인 프로세스에서 그렇듯이, 프로토타이핑은 작동되는 것과 작동되지 않는 것을 확인하는 유용한 방법이다. 플로리다의 해변으로 이사할 생각이라면 그곳에 2주 동안 주택을 임대하여 살아 보라. 난민들과 함께 봉사활동을 하고 싶다면 그 분야 사람들과 네트워크를 형성하고 난민 캠프로 2주간의 여행을 고려해 보라.

위대한 미국 소설을 쓰고 싶다면 지역의 작가 그룹에 가입하여 첫 걸음을 내디뎌 보라. 어떤 사람들은 확고한 계획이 없는 불확실성과 그러한 기간을 불안해한다. 새로운 구조를 갈망하는 사람이라면 탐색하고자 하는 두어 가지 항목을 선택하고, 이를 위해 특정 기간을 설정해 활동할 일정을 만드는 것이 좋다. 당신의 새로운 임무는 이러한 두어 가지 특정 관심사 또는 가능성의 프로토타입을 만드는 것이다.

사람들이 당신에게 "무엇을 하고 있는가?"라고 질문할 때 뭐라고 대답해야 할지 걱정된다면 당신이 과거에 했던 일 그리고 당신이 현재 탐색하고 있는 두어 가지 새로운 영역을 말하면 된다. 명함을 포기하고 싶지 않은가? 좋다. 그렇다면 이름과 연락처 정보가 인쇄된 개인 카드를 제작하라. 직책은 없어도 된다.

::: 새로운 목적의식과 루틴을 구축하라

루틴은 건강하다. 내가 가장 좋아하는 이야기 중 하나는 "구조가 당신을 자유롭게 한다."는 것이다. 하지만 목적이 없다면 루틴을 고수하기는 어렵다. (그리고 한편으로 목적 없는 일상은 지루하다.) 그러나 은퇴 전환을 거치면서 종종 새로운 목적이나 새로운 일상에 정착하지 못하는 시기가 있을 수 있다. 이것은 공허함을 느끼고 주변 사람들을 약간 난감하게 만들 수 있다. 하지만 그것이 정상이다. 사실 대대적인 재창조 기간 동안에 느끼게 되는 권태감에는 건전한 무엇인가가 있다. 그러나 처음에는 인위적인 느낌이 들 수도 있지만, 결국 자신을 위한 새로운 루틴과 목적의식을 만들고 싶을 것이다.

전환하기 전에 계획할 시간이 있다면 최소한 하나 이상의 새로운 '정체성' 또는 관심 영역을 미리 준비하는 것이 좋다. 예를 들어, 내가 아는 한 변호사는 2년 후 은퇴를 준비하기 위해 갈등조정 전문가 자격증을 취득했다. 또 다른 사람은 강의를 하고자 지역 대학과의 네트워크를 구축했다. 이것들은 작동할 수도 있고 작동하지 않을 수도 있지만, 일부 초기의 구조를 생성할 수 있다.

나의 오랜 멘토인 찰스는 알래스카와 워싱턴을 오가며 시간을 보내는 은퇴한 홍보 담당 임원이다. 찰스는 삶이란 '배우고-돈을 벌고 봉사'하는 것이라고 말한다. 66세의 찰스는 스스로 기록물 행동주의archive activism이라고 부르는 활동을 통해 인생의 새로운 목적을 찾았다. 그는 LGBTQ+[5] 운동의 로자 파크스[6]라고 불리는 프랭크 캐메니[7]와 관련된 역사적 기록물 보관소인 캐메니

---

5 레즈비언Lesbian, 게이Gay, 바이섹슈얼Bisexual, 트랜스젠더Transgender, 퀴어Queer 등 성소수자 전반을 의미한다.
6 Rosa Parks: 미국의 민권 운동가. 미국 의회에 의해 '현대 인권 운동의 어머니'라고 명명되었다. 1955년 12월 1일, 앨라배마 주 몽고메리에서 백인 승객에게 자리를 양보하라는 버스 운전사의 지시를 거부하였고, 결국 이 일 때문에 경찰에 체포되었다.
7 Frank Kameny: 미국의 동성애자 권리 운동가. 그는 미국 동성애자 권리 운동에서 '가장 중요한 인물 중 한 명'으로 언급되고 있다.

문헌프로젝트Kameny Papers Projects를 설립했다. 시간이 지남에 따라 찰스의 관심사는 진화했고, 결국 그는 그것을 받아들였다.

삶의 다음 단계를 잘 살아가려면 아침에 침대에서 뛰쳐나올 이유가 필요하다. 그것이 무엇인지는 중요하지 않다. 오직 당신과 당신의 가치관과 일치하면 된다. 재정적으로 뿐만 아니라 온전한 개인과 가족으로서의 삶을 설계하기 위한 작은 발걸음을 내딛어라. 당신에게는 은퇴를 인생에서 가장 만족스럽고 즐거운 시간으로 만들 수 있는 힘이 있다.

제프 기세아 Jeff Giesea: 플로리다 지역을 중심으로 활동하는 기업가이자 임원 코치.

* hbr.org 2015. 7. 17. 기사 일부 수정 재수록

4. 팬데믹 경험이 삶의 전환에 주는 교훈

- 격리: 변화는 항상 익숙한 것으로부터의 격리로부터 시작된다. 성공적 은퇴 전환을 위해서는 이전의 일상과 사고방식, 네트워크, 정체성으로부터 일정한 격리가 필요하다.
- 경계학습: 사이와 사이의 영역을 만들고 막간을 활용하여 새롭고 다른 사람들을 만나고 새롭고 다른 일을 하는 경계학습을 시도하라. 이것은 새로운 지식, 기술, 자원 및 관계를 개발시킴으로써 성공적 은퇴 전환을 가능하게 한다.
- 재통합: 외부적 충격이 지속적인 변화를 가져다주지는 못한다. 성공적 전환은 외부적 충격으로 인한 변화 이후에 열리는 작은 기회의 창에서 지속적으로 무엇을 하느냐에 달려 있다.

예상치 못한 사건이나 충격이 자신의 열망과 우선순위를 다시 생각하게끔 한다. 그리고 이는 삶과 경력 변화를 위한 비옥한 조건을 만든다. 이것은 코로나바이러스 대유행에도 적용된다. 온라인 설문조사를 통해 팬데믹이 경력 전환 계획에 어떤 영향을 미쳤는지 물었을 때 응답자의 49%는 "팬데믹은 너무나 바빠서 앞으로 일어날 일에 대해서 생각할 여유가 없었던 직장생활 마무리 시점에 가까운 사람들에게는 좋은 출발점이 되었다."라고 대답했다.

그러나 성공적인 경력 전환에 대하여 수십 년 동안 연구하면서 배운 또 다른 한 가지가 있다. 혼자 생각하는 것만으로는 충분하지 않다는 것이다. 생각을 통해서 새로운 행동이 나오는 것이 아니라, 새로운 행동을 통해서 새로운 사고방식과 존재방식이 나온다.

그렇다. 우리의 일상을 방해하는 사건에는 진정한 변화를 촉진하는 잠재력이 있다. 새로운 활동을 실험하고 연결을 만들고 갱신할 수 있는 기회를 제공하는 것이다. 일상적인 업무에서 벗어나 비생산적인 활동처럼 보이는 시간에도 우리는 중요한 내적 비즈니스를 수행하고 있다. 실존적인 질문을 던지고, 우리를 행복하게 만드는 것이 무엇인지 생각하고, 어려운 선택을 할 수 있는 힘을 키우고, 자아를 다지는 등의 활동을 하고 있는 것이다.

팬데믹 기간 동안 우리 중 상당수는 자신이 더 이상 원하지 않는 것이 무엇인지 예민하게 깨달을 만큼 많은 일이 일어났다. 그러나 문제는 보다 매력적이고 실행 가능한 대안은 아직 실현되지 않고 있다는 것이다. 그래서 우리는 오래된 것과 새로운 것 사이의 림보에 갇혀 있다. 그리고 코비드19 봉쇄가 끝나고 사무실로 복귀하고 규칙적인 삶의 속도에 들어가면서, 우리는 이전의 직업과 작업방식으로 다시 빨려 들어가는 위험에 직면한다.

경력 전환을 원하는 사람들은 이것을 어떻게 피할 수 있는가? 봉쇄 기간 동안 배운 내용을 바탕으로 자신의 목표를 향해 어떻게 진전을 이룰 수 있는가? 코비드19와 같은 촉매 작용을 하는 사건의 변혁적 잠재력에 대한 연구는 우리가 격리separation, 경계liminality, 재통합reintegration의 세 부분으로 구성되는 전환 주기에 적극적으로 참여할 때 지속적인 변화를 만들 가능성이 더 높아진다는 것을 시사한다. 주기의 각 부분을 자세히 살펴보자.

격리 separation

"저는 목가적이고 한적한 환경에서 코로나 봉쇄 기간을 보냈습니다." 사업가인 존은 팬데믹이 시작될 무렵 임원 역할이 종료되어 시골로 이사할 수 있었다고 말했다. 그는 "봄이 오고 가는 것을 봤습니다. 자연을 오랫동안 지켜보았습니다. 놀랍도록 평화로웠습니다. 작년에 결혼한 아내와 정말 많은 시간을 함께 보낼 수 있었습니다. 소원했던 아들이 우리에게 와서 함께 지냈는데,

아들을 다시 이해할 수 있었습니다. 저로서는 매우 축복받은 기간이었습니다."

존의 경험은 독특하지 않다. 주거지 이동이 사람들의 행동 변화를 어떻게 촉진시키는지에 대한 연구는 팬데믹 기간 동안 새롭고 다른 주거지를 찾은 사람들이 어떻게 삶을 변화시킬 더 좋은 기회를 가질 수 있었는지를 알려준다. 왜 그런가? '습관 불연속성' 때문이다. 우리는 오래된 습관과 자아를 유지하게끔 하는 사람과 장소로부터 격리될 때 보다 유연해진다.

변화는 항상 격리에서 시작된다. 세뇌, 테러리스트 교화, 약물중독자 재활과 같은 표준적인 수행은 대상자를 이전에 알고 있던 모든 사람들로부터 격리시키고, 이전의 정체성 기반을 박탈하는 것이다. 이러한 격리 역학은 청년들이 대학에 진학해서 변하게 되는 이유와 노인들이 은퇴한 후 변화하는 이유를 설명해 준다.

최근 연구는 업무환경이 얼마나 '나르시시즘과 게으름' 편견에 취약한지 보여준다. 우리는 손쉽게 알고 만날 수 있는 가까운 사람들을 알고 좋아하게 된다(우리는 게으르다). 팬데믹은 우리들로 하여금 어느 정도 서로 간의 물리적 근접성을 벗어나게 했다. 그러나 그 정도로는 나르시시즘과 게으름 편견이 직장에서 우리에게 만들어 내는 강력한 유사성을 완화하기에는 충분하지 않을 수 있다. 이것이 관계의 네트워크에서 어느 정도 격리를 유지하는 것이 필요한 이유이다. 이전 직업생활로부터의 격리는 어느 단계에서든 재창조에 필수적일 수 있다.

워싱턴대학의 타미 잉글리시Tammy English와 스탠포드대학의 로라 카르스텐센Laura Carstensen은 60세 이후 사람들의 인적 네트워크의 규모가 줄어든다는 사실을 발견했다. 아마도 존과 같은 팬데믹에 대한 우리의 경험은 한정된 시간을 누구와 어떻게 보낼 것인지에 대한 선택을 통해서 우리의 재창조를 촉진할 것이다.

::: 경계liminal 학습

팬데믹이 닥쳤을 때 전직 변호사인 소피Sophie는 20년 경력에서 벗어나 다큐멘터리 영화 제작, 저널리즘, 비상임 이사 역할, 지속 가능성 컨설팅 등 다양한 새로운 작업 가능성을 탐색하고 싶어 했다. 코로나 봉쇄는 제한적인 시간과 공간, '사이와 사이' 영역을 만들었고, 소피의 직업생활을 지배했던 일상적인 규칙에서 일시적으로 벗어날 수 있게 했다. 그녀는 가능한 모든 종류의 일과 여가 추구를 실험할 수 있다고 느꼈다. 그녀는 그 기간을 최대한 활용했다. 여러 교육과정을 수강했고, 창업 아이디어를 도출했고, 프리랜서 컨설팅을 하고, 비영리단체 이사회에 참여하고, 첫 단편 영화 두 편을 제작했다.

막간을 활용하면 다른 사람들과 새롭고 다른 일을 하는 실험을 할 수 있다. 결과적으로 그것은 자신을 새롭게 알고 새로운 지식, 기술, 자원 및 관계를 발전시킬 수 있는 쉽지 않은 기회를 제공한다. 그러나 이러한 막간의 시간이 영원히 지속되지는 않는다. 어느 시점에서 우리는 실험을 통해 학습한 내용을 추려내서 전환 계획에서 정보에 입각하여 다음 단계를 수행하는 데 사용해야 한다. 보다 더 추구할 가치가 있는 것은 무엇인가? 해볼 만한 가치가 있는 새로운 관심사는 무엇인가? 매력적이지 않은 일로부터 어떻게 벗어날 것인가? 어떤 것을 단지 취미로만 유지할 것인가?

소피는 비영리단체 이사로서의 역할은 예상만큼 잘 해내지는 못한 반면, 영화와 관련된 의미있는 활동은 매우 빠르게 자리 잡기 시작했다는 사실에 놀랐다. 이것은 그녀가 전환 계획의 다음 단계를 시작하기 전에 확인해야 할 중요한 깨달음이었다.

::: 재통합 reintegration

나와 팬데믹 경험을 나눴던 대부분의 리더들과 전문가들은 바쁜 여행 일정이나 가족과의 시간을 희생해야 하는 시간으로 돌아가고 싶지 않다고 했다. 그럼에도 불구하고 결국 그렇게 될까 봐 걱정한다고 말했다. 외부적 충격이 지속적인 변화를 가져오는 경우란 거의 없기 때문에 이러한 걱정은 정당하다. 모닝콜을 받은 후, 보다 일반적인 패턴은 '정상 상황'으로 돌아오면 원래 상태로 되돌아가는 것이다. 이것은 와튼스쿨 교수인 알렉산드라 마이클Alexandra Michel이 12년 동안 투자금융 종사자 4개 집단을 대상으로 과로의 신체적 결과를 연구했을 때 발견한 것이다. 장기적으로 계속하기 어려운 일에서 벗어나려면 직무를 바꾸거나 그 이상의 조치가 필요했다. 그런데 상당수 사람들은 업무 부담이 적은 조직으로 전직한 후에도 건강을 회복하지 못했다. 왜 그런가? 그들은 역할 변화 사이에 충분한 건강을 회복하기 위한 여유 시간을 확보하지 못했고 자신을 업무에 과도하게 몰아붙이는 태도로부터 심리적 거리를 충분히 확보하지 않았기 때문이다.

습관의 불연속성을 이용하는 우리의 능력은 일상을 흔드는 변화 후에 열리는 좁은 기회의 창에서 우리가 무엇을 하느냐에 달려 있다. 한 연구에 따르면 새로운 환경에서 어떤 행동의 변화를 만들어 내도록 하는 기회의 창은 새로운 곳으로 이사한 후 최대 3개월 동안만 지속된다. 마찬가지로 휴가 복귀 후의 새출발 효과는 휴가 복귀 첫날 최고조에 달하지만 이후 급격하게 감소한다.

팬데믹으로부터의 교훈이 당신의 직업생활에 실질적인 변화를 가져왔는지, 아니면 아무 일도 없었던 것처럼 이전 직업과 패턴으로 다시 표류할지 여부를 결정하는 것은 결국 당신에게 달려 있다.

허미니아 아이바라 Herminia Ibarra: 런던비즈니스스쿨 찰스 핸디 조직행동학 석좌 교수. INSEAD(2002~2017년)와 하버드비즈니스스쿨(1989~2002년) 교수로 재직했다. 리더십 분야의 권위있는 <Thinkers 50>은 그녀를 세계 최고의 경영 사상가 중 한 명으로 선정했다. 저서로는 베스트셀러인 『리더처럼 행동하라Act Like a Leader』, 『리더처럼 생각하라』, 『업무 정체성Working Identity』 등이 있다.

5. 보다 나은 삶을 위한 은퇴 조형 crafting

- 사람마다 서로 다르고 은퇴 계획도 서로 다르다. 자신의 강점과 열정을 사용하여 자신의 현재 요구사항과 미래의 포부를 중심으로 은퇴를 맞춤화하고 조형하라.
- 잡크래프팅은 직무의 내용과 방식을 새롭게 조형하고 맞춤화함으로써 보다 능동적으로 일하고 동기부여할 수 있다.
- 은퇴 조형에는 선호하거나 싫어하는 과업 내용을 조정하는 과업크래프팅, 보유 기술을 심화하거나 새로운 기술을 학습하는 기술크래프팅, 보다 건강하게 일하는 방법을 찾는 웰빙크래프팅, 동료 및 고객과의 교류 방식을 재구축하는 관계크래프팅, 의미와 가치를 중심으로 업무를 재구성하는 목적크래프팅이 포함된다.
- 은퇴 전 현업에서의 잡크래프팅을 통해 긍정적인 방향으로 업무를 전환하고 자신이 원하는 은퇴를 준비하고 만들어 갈 수 있다.

성공적인 은퇴란 어떤 모습, 어떤 느낌일까? 대답은 사람마다 다르다. 하지만 성공적이고 순조로운 은퇴 전환에는 재무계획보다 훨씬 더 많은 것이 필요하다. 연금투자뿐만 아니라 개인적이고 전문적인 영역에 대한 투자도 이루어져야 한다.

은퇴를 향한 활주로가 길든 짧든, 잡크래프팅은 경력 여정의 마무리 단계에서 자신의 영향력을 극대화하는 유력한 방법이다. 이것은 삶의 다음 단계 모험을 시작할 때 필요한 기술, 경험 및 관계를 육성하는 데 도움이 된다. 또한 이것은 자신의 강점과 열정을 사용하여 현재의 요구사항과 미래의 포부를 중심으로 일하는 방식을 개인 맞춤화하는 방법을 찾는 것을 의미한다.

여기에는 당신이 좋아하거나 싫어하는 업무를 가감하는 것, 새로운 기회를 탐색하는 것, 완전 은퇴를 계획하면서 업무를 변경하거나 축소하는 것이 포함된다.

'잡크래프팅'은 에이미 워즈니에프스키Amy Wrzesniewski와 제인 더튼Jane Dutton 두 명의 학자에 의해 처음 개념화되었다. 이들은 병원 청소부를 대상으로 한 연구에서 어떤 직원들은 주어진 직무를 그대로 수행하는 것이 아니라, 자신의 업무를 적극적으로 개인적 맞춤화한다는 사실을 발견했다. 그들의 연구가 처음 발표된 이후 보다 많은 연구를 통해 요리사에서 최고경영자에 이르기까지 잡크래프팅의 저력을 보여주었다. 이 연구들은 우리가 의도적으로 자신의 직무를 조정하는 경우 긍정적 변화가 일어난다는 것을 보여준다. 여기에는 성과 향상, 웰빙 및 보상, 개인적, 직업적 성장이 포함된다.

∷ 왜 은퇴 시점이 잡크래프팅을 위한 최적의 시기인가

경력이 끝나는 은퇴 시점은 잡크래프팅을 시작하기에 완벽한 시간이 될 수 있다. 개인과 팀이 잡크래프팅을 할 수 있도록 지원하는 프로그램과 연구를 통해서, 나는 젊은 사람들에 비하여 경력 후기 단계에 있는 사람들이 자신의 업무를 개인화할 수 있다는 자신감과 확신, 자신의 직업과 삶에 대한 명확한 인식을 갖고 있음을 발견했다. (나의 책 『직무 개인화Personalization at Work』에 자세히 설명되어 있다.)

우리는 잡크래프팅을 통해 긍정적인 '개인-직무 적합성'을 창출하고 유지할 수 있다. 이것은 개인적 동기와 직무 사이에 일치와 조화가 가능함을 의미한다. 개인-직무 적합성 유지는 경력의 후반 단계에서 특히 중요하다. 심리적, 신체적, 직업적 요구사항은 종종 변한다. 예를 들어, 자녀 돌봄 책임과 회사에서의 회식 사이에서 에너지(혹은 인내심)를 저글링해야 하는 사람들이 있을 수 있다. 또는 직장에서의 승진과 직위 유지에 대한 욕망과 개인적 열정에 따른 관심 영역 사이에서 저글링해야 할 수도 있다. 잡크래프팅은 자신의 직무를 둘러싸고 있는 새롭고 진화하는 욕구를 스스로 조형해 낼 수 있도록 한다.

정년이 다가오면서 업무와 자기개발로부터 점차적으로 벗어나야 한다고 생각하는 것은 시대에 뒤떨어진 생각일 수 있다. 5년 내에 은퇴하여 회사를 떠날 것으로 예상되는데 굳이 새로운 플랫폼을 배우거나 새로운 동료들과 네트워크를 맺어야 할 필요가 없다고 생각하는 것은 잘못된 생각이다. 잡크래프팅을 실험하는 것은 일종의 대위법으로 작용한다. 이것은 관성적으로 은퇴라는 종착점을 향해 움직이는 것이 아니라, 여전히 적극적으로 배우고 변화하고 있다는 신호가 된다.

잡크래프팅은 전문가로서 당신의 버킷리스트 항목을 긍정적이고 적극적으로 확인하는 데에도 도움이 된다. 잡크래프팅은 당신이 성장 마인드를 개발하고 유지할 수 있도록 한다. 그리고 자신의 방식에 따라 의식적으로 업무로부터 벗어날 수 있도록 하고, 은퇴자들이 흔히 이야기하는 것과 같이 은퇴 이후 느슨해지고 세상과의 연결이 단절되는 느낌에 대한 일종의 완충으로 작용할 수 있다. 잡크래프팅은 은퇴 이후 성공을 위한 준비에도 도움이 된다. 미국인 10명 중 7명은 은퇴 이후에도 일할 계획이라고 한다. 이 경우 잡크래프팅은 새로운 일을 위한 기회를 만들거나 촉진할 수 있다. N잡러는 신입 사원들만의 전유물이 아니다.

⋮⋮⋮ 어떤 유형의 잡크래프팅이 당신에게 적합한가

사람들마다 다르고 은퇴 계획도 서로 다르듯이 잡크래프팅은 다양한 모양과 크기로 나타난다. 자신의 업무를 맞춤화하는 방식은 사람마다 다르지만, 은퇴 후 잡크래프팅하는 5가지 핵심 방법은 과업, 기술, 웰빙, 관계 및 목적 크래프팅이다.

과업 크래프팅

과업 크래프팅은 업무에 있어서 자신이 선호하거나 싫어하는 내용을 조정하고자, 과업을 추가하거나 제거함으로써 자신의 직업 경계를 변경하는 것이다. 이를 위해 하루를 구성하는 방식을 재구성하고 작업 흐름 및 시스템을 개선하거나 회의 진행방식을 개선할 수 있다. 60대 초반의 구조공학 엔지니어인 이언Ian을 예로 들어 보자. 그는 회사에 계속 기여할 수 있는 방법을 찾고 싶어 했다. 그래서 이언은 위원회 활동에 적극적으로 참여하여 정년 퇴직자 재고용, 내부 승진 프로그램에 지원했다. 예전에 이언은 조직 내부 활동보다는 대고객 및 영업 업무를 우선시했었다. 하지만 경력 후반 시점에 이르러 이언은 조직의 적극적 구성원이 되고자 하는 동기가 강해졌다. 자신의 역할에 이러한 과업을 추가함으로써 이언은 자신의 기술 지식과 경험을 활용하는 새로운 방법을 찾을 수 있었다. 그는 다른 사람의 성공을 지원하고 자기개발하는 활동에 일정한 시간을 투자했다. 이를 통해 이언은 은퇴시 보다 안정되고 만족감을 느낄 수 있었다.

기술 크래프팅

기술 크래프팅은 특정 영역의 기술과 지식을 심화하거나 새로운 기술을 학습함으로써 개인적 성장을 추구하는 것이다. 경력 후기 기술 크래프팅의 사례에는 은퇴 준비를 위해 재무 관련 역량을 확보하거나 코칭 및 멘토링 교육을 받는 것이 포함된다. 광고 담당 임원이었던 브라이언Brian은 블르그 활동을 시작하여 업계 동향에 대한 뉴스와 통찰력과 전망을 공유했다. 또한 은퇴 후 컨퍼런스 연사로서의 성공을 위한 준비를 위해 글쓰기 역량을 개발했다.

웰빙 크래프팅

웰빙 크래프팅은 정신적, 육체적으로 보다 건강하게 일하는 방법을 조형하는 것을 말한다. 정신적, 육체적 웰빙이 노후 만족에 미치는 중요성은 널리 알려져 있다. 이러한 웰빙 습관을 기르기 위해 은퇴할 때까지 기다려야 할 필요는 없다. 대학의 CIO인 존John은 주말에도 일을 하는 습관을 의식적으로 탈피함으로써 웰빙 크래프팅을 실천했다. 번아웃 직전에 이르러서야 존은 활력을 얻는 새로운 방법을 찾아야 한다는 것을 깨달았다. 과거에도 존은 자신이 일종의 일 중독증에 빠져 있다는 것을 깨닫고, 주말에는 업무 이메일을 확인하지 않으려고 한 적이 있다. 하지만 매번 실패하고 불안함을 느꼈다. 존의 해결방안은 사진에 대한 과거의 열정을 재점화하는 것이 있었다. 존은 일요일 아침에 사진기를 만지는 일이 이메일에 회신하는 것보다 훨씬 몰입되고 재미있다는 것을 깨달았다. 존은 여전히 퇴근 이후에 업무 메일함을 열어보긴 하지만, 시간이 지남에 따라 줄어들고 있다고 말한다. 존은 사진이 다음 단계 삶에 보다 긍정적인 영향을 미칠 수 있다는 것을 깨달았다. 그래서 존은 여유시간이 생기면 참가하고자 하는 지역의 사진동호회를 검색하곤 한다.

관계 크래프팅

관계 크래프팅은 직장 동료, 고객을 포함하여 사람들과 교류하는 방식을 조형하는 것과 관련이 있다. 여기에는 새로운 관계의 구축, 기존 관계의 확장 또는 현재 관계의 통합 및 변경 등이 포함된다. 비영리단체의 인사 담당 임원인 리사Lisa는 CIPD[8] 지부

---

8 Chartered Institute of Personnel and Development. 영국 런던 윔블던에 본부를 둔 인적자원관리 전문가 협회.

활동 참여를 통해 네트워크를 구축하고 있다. 그녀가 인맥을 키우는 데에는 두 가지 동기가 있다. 첫째는 새로운 사람들을 만나는 것을 좋아한다는 것이고, 둘째는 이러한 네트워크가 은퇴 후 신임 인사 담당 리더에게 임원 코칭을 제공하려는 자신의 계획에 도움이 된다는 것이다.

또 다른 사례는 은행 고객서비스팀 리더였던 앨리스Alice이다. 그녀는 일부 동료들과 관계를 의도적으로 단절하거나 교류를 줄이기 위해 노력하고 있다고 말한다. 그녀는 일할 시간이 몇 년 남지 않은 상황에서 자신이 좋아하지도 않는 사람들이 참여하는 단체에서 자원봉사하거나 사교행사에 참석하기에는 "인생이 너무 짧다."고 말했다. 관계에 대한 이러한 실용적 접근방식은 은퇴 후 그녀가 보다 많은 시간을 보내고 싶은 친구 모임이나 다른 클럽 및 위원회를 탐색할 때 도움이 될 것이다.

목적 크래프팅

당신은 의미 있고 목적이 있으며 자신의 가치와 일치하는 업무를 중심에 두고자 사고방식을 변경하거나 재구성할 수 있다. 그리고 자신의 개인적, 직업적 목적의식에 도움이 되는 업무 요소를 우선순위에 두고 이를 육성하는 방법을 찾아 목적 크래프팅을 할 수 있다.

경영컨설턴트인 제인Jane은 자신이 고객 관계 구축에 투자한 시간과 노력을 돌아보면 은퇴하면서 고객 계정을 후임에게 인계하는 것이 아깝다는 생각이 든다고 했다. 하지만 그녀는 자신의 목적을 재검토하고 이를 위한 활동을 재구성하면서, 후임에게 적극적으로 고객 계정을 인계해 주는 것이 고객에게 서비스를 제공하는 최선의 방법이며, 자신의 가치와 일치하는 미래를 준비하는 것임을 깨닫게 되었다. 그녀는 고객 계정 인계 미팅을 자신과 고객이 함께 만들어 낸 성과와 업적을 돌아보고 회상할 수 있는 기회로 생각하고, 그 과정을 음미하기 위해 노력했다.

::: 은퇴 조형crafting에 도움이 되는 훈련

잡크래프팅은 업무의 여백을 만들고, 자신이 어떻게 일하는지 돌아보고 업무 수행 개선 방법을 찾는 것을 포함한다. 마치 운동선수가 코치와 함께 자신의 달리기 동작을 구분해서 살펴보고 개선하는 것과 같다. 직장에서의 성찰을 유도하는 질문에는 업무 수행 방법, 시기, 이유에 대한 생각이 포함된다.

아래에서 제시되는 과거와 미래, 현재에 대한 질문은 보다 나은 은퇴를 만들 수 있는 기회를 확인하는 데 도움이 된다. 대답을 메모하거나, 산책하면서 생각하거나, 친구나 파트너와 이야기하거나, 그림을 스케치할 수도 있을 것이다.

과거

- 당신에게 가장 활력을 주었던 일의 요소는 무엇이었는가?
- 가장 자랑스러웠던 성과는 무엇이었는가?
- 가장 중요하게 생각하는 피드백은 무엇이었는가?

질문에 대한 당신의 답변은 당신이 은퇴 이후 탐색하거나 유지하고자 하는 직업 유형에 대한 통찰력을 제공한다. 예를 들어, 전문지식과 리더십 경험을 사용하는 협업 작업을 소중히 여기고 즐긴다면 위원회, 수탁자 또는 사외이사와 같은 은퇴 후 기회를 탐색할 수 있다.

미래

- 은퇴 후 어떤 기분을 느끼고 싶은가?
- 어떤 것에 몰입하고 싶은가?
- 당신이 후배에게 물려줄 수 있는 자산은 무엇인가?
- 은퇴식에서 다른 사람들이 당신에 대해 어떻게 말해주기를 바라는가?
- 어떤 관계를 유지하고 싶고 어떤 관계를 단절하고 싶은가?

경력 초기 단계에서 종종 활용되는 '미래업무에 대한 자기인식 훈련'의 이러한 변형은 당신으로 하여금 바람직한 은퇴가 어떤 것인지 식별하고 현재의 업무를 그 방향으로 향하도록 돕는다.

현재

이제 당신에게 중요한 것에 초점을 맞추고 미래에 대한 당신의 열망에 맞춰 현재의 직무를 조형한다.

잡크래프팅의 비결은 작은 것에서부터 시작하고, 잡크래프팅을 새롭고 즐거운 실험으로 생각하는 것이다. 코치로서 나는 종종 개인과 그룹들에게 하루 10분 또는 일주일에 한 시간 정도를 잡크레프팅 활동에 할애하여 현재의 직무를 1% 향상시킬 수 있는 작으면서도 긍정적인 방법을 찾아보라고 한다. 나는 사람들이 자신에게 가장 동기 부여되는 잡크래프팅 유형을 선택한 다음, 이를 실행할 수 있는 기회를 식별하도록 권장한다.

작은 기술크래프팅 시도에는 오래전부터 계획했던 은퇴 여행을 위해 점심시간 10분을 활용하여 앱으로 이탈리아어를 배우는 것일 수도 있고, 피트니스센터에 가기 위해 일주일에 한 번 시간을 할애하는 것일 수도 있다. (다른 사람들에게 그렇게 할 것이라고 약속함으로써 성공 가능성을 높인다.) 그리고 관심 있는 일, 예를 들어 차세대 리더에 대한 멘토링과 같은 과업(조직 내 또는 더 넓은 전문분야 내에서)에 자원하여 참여함으로써 목적크래프팅을 할 수도 있다.

충만감있는 은퇴는 당신이 스스로 구축하는 것이지 그냥 저절로 일어나는 것이 아니다. 호기심과 헌신으로 은퇴 잡크래프팅에 접근하면 긍정적인 방향으로 일을 전환할 수 있어서, 현재는 보다 즐겁고 자극적일 것이며, 은퇴 후에는 더 많은 보람을 느낄 수 있다. 이것은 중요한 것에 초점을 맞출 수 있게 하며, 삶의 새로운 단계로 전환할 때 당신 스스로 통제할 수 있도록 도와준다.

이제 은퇴 계획에 대한 개인적인 맞춤화가 필요한 때이다. 현재 자신의 일을 잡크래프팅함으로써 미래에 당신이 원하는 은퇴를 준비할 수 있다.

롭 베이커 Rob Baker: 인적자원관리 컨설팅회사인 Tailored Thinking의 창립자이자 최고다양성담당임원Chief Positive Deviant이며 『직무 개인화Personalization at Work』의 저자이다. 잡크래프팅에 생명을 불어넣는 생기를 부여하는 그의 작업과 연구는 전 세계 세계적인 학술 및 전문 컨퍼런스에서 발표되었다.

6. 목적이 있는 은퇴

- 목적은 발견되는 것이 아니라 만들어지는 것이다. 모든 연령대의 사람들에게 목적과 의미는 중요하고 필수적이다.
- 다음 단계 삶에서 가장 중요한 의미 영역을 확인하고 탐색하고 새로운 가능성에 투자하라.
- 의미의 원천은 시간이 지남에 따라 변한다. 성공적 은퇴 전환을 위해서는 새로운 목적과 의미를 탐색해야 한다.
  - 삶에 진정한 의미를 부여하는 영속성의 원천을 찾으라.
  - 새로운 삶의 국면에 들어가기 위해 낡은 정체성을 버리라.
  - 은퇴 여정에서 의지할 수 있는 사람을 찾고 도움을 요청하라.
  - 은퇴가 가져올 수 있는 새로운 목적의 기회를 수용하라.

루퍼스 매세이Rufus Massey는 괜찮은 커리어를 쌓아 왔다. 그는 조지아 주 치카마우가에서 아버지가 손수 지은 방 두 칸짜리 오두막집에서 태어났다. 전화도 없었고, 가장 가까운 이웃은 0.5마일 정도 떨어져 있었다. 삶은 결코 쉽지 않았다. 그러나 어린 시절

배운 회복탄력성과 끈기는 그의 삶을 변화시키는 데 큰 도움이 되었다. 루퍼스는 기업과 대학에서 계속해서 탁월한 경력을 쌓아왔다. 벨사우스Bell South에서는 통신 분야의 기술 발전을 직접 목격했으며, 기업 경력 전후에는 모교인 베리칼리지에서 학생들을 지도하면서 근로장학생 프로그램을 혁신적으로 개선했다.

몇 년 전 루퍼스는 정규직에서 은퇴해야 할 때라는 것을 깨달았다. 그러나 은퇴 이후에도 그의 삶의 속도는 거의 느려지지 않았다. 그는 남성 사중창단 단원으로 전국경연대회에 참가한다. 또한 테니스와 피클볼을 좋아하고 친구, 자녀, 손자들과 많은 시간을 보낸다. 그리고 부모님에게서 물려받은 오래된 오두막으로 돌아가 지내면서 노스 조지아 산맥의 평화와 고요를 즐긴다. 또한 그는 스쿠버 다이버이다. 그는 오랫 동안 멘토링한 수백 명의 학생 중 일부와 연락을 유지하고 있으며 자신의 경험을 책으로 쓰기도 했다. 은퇴 이후 루퍼스의 삶은 변했지만 느려진 것은 아니다. "저는 도전을 좋아합니다. 저는 항상 모험적인 사람입니다."라고 그는 말한다. 그리고 그의 이러한 새로운 삶의 단계는 확실히 그것을 보여준다. 그는 목적이 있는 커리어를 보다 목적이 다양하지만 비슷한 목적이 있는 은퇴와 맞바꿨다.

목적과 의미는 모든 연령대에게 필수적이다. 『목적 크래프팅을 위한 하버드비즈니스리뷰 가이드HBR Guide to Crafting Your

Purpose』에서 나는 목적은 발견되는 것이 아니라 만들어지는 것이고, 각자는 자신의 삶에서 다양한 의미의 원천을 갖고 있으며, 이러한 의미의 원천은 시간이 지남에 따라 변한다고 이야기한 바 있다. 아마도 이러한 의미의 변화 중 어느 것도 은퇴 결정만큼 어렵고 복잡하지는 않을 것이다.

::: 목적이 있는 은퇴 전환 계획하기

많은 사람이 오랫동안 은퇴를 기다리며 계획한다. 은퇴 전환은 일생동안 공부하고, 일하고, 자녀를 양육하고, 연로한 부모를 돌보고, 가정을 책임지는 생활을 한 이후, 진정으로 자신의 열정을 추구하는 새롭고 흥미로운 삶의 단계일 수 있다. 적절한 재정 계획은 새로운 종류의 자유를 누릴 수 있게 한다. 하지만 남아있는 문제가 있다. 일은 우리 중 상당수에게 관계의 중요한 원천이며, 은퇴자들은 종종 외로움과 고립으로 인해 어려움을 겪는다.

한편으로 현업으로 계속 일하는 것은 생활의 구조, 인지적 도전, 의미 있는 목적의 원천이 될 수 있다. 그러므로 은퇴자에게는 이러한 것들을 신중하게 대체할 수 있는 계획이 있어야 한다. 상당수 사람은 은퇴 후 목적의 부족으로 인해 어려움을 겪는다. 일부 연구에서는 조기 퇴직이 조기 사망으로 이어진다는 사실을 보여주기까지 한다. 그러한 현상의 원인에 대해서는 열띤 논쟁이 벌어지고 있다.

전환은 불가피하며 은퇴는 인생에서 가장 중요한 전환 중 하나이다. 하지만 어떻게 경력을 마친 후에도 목적이 있는 삶을 구축하고, 어떻게 제대로 전환을 수행해 낼 수 있을 것인가? 나는 당신이 목적의 부재로 힘들어 하지 않고, 목적 자체를 만들 수 있다고 굳게 믿는다. 그리고 은퇴는 당신 삶의 새로운 시대를 만들 수 있도록 하는 독특하고 특별한 기회를 제공한다.

은퇴 전환을 잘 수행하려면 먼저 이러한 과정에 능동적으로 접근하여 자신이 현재 보유하고 있는 것이 무엇인지 명확하게 파악하고, 이것들을 무엇으로 대체할 것인지 그림을 그려봐야 한다. 은퇴는 우리 인생에 있어서 유일한 전환이 아니다. 우리는 대학을 졸업하고, 결혼하고, 이혼하고, 아이를 낳고, 가족이나 친한 친구의 죽음을 경험하고, 직업을 바꾸는 것과 같은 인생의 다른 수많은 이정표 중 하나에 접근할 때에도 비슷한 경험을 한다.

::: 은퇴 전환 탐색의 4가지 기본 단계

이러한 전환을 수용하고 잘 탐색하려면 구조화된 접근방식이 필요하다. 목적의식을 가지고 전환을 탐색하는 데에는 4가지 기본 단계가 있다.

1. 삶의 진정한 의미를 찾는다

과도기와 불안정의 시기에 삶의 의미를 부여하는 영속성의 원천을 식별하는 것이 그 어느 때보다 중요하다. 당신이 누구이든, 당신은 당신의 직업 그 이상이다. 당신이 당신의 직업을 훨씬 뛰어넘어서 당신 자신의 삶을 목적있게 만드는 것들이 있다. 그것이 무엇인가? 많은 경우, 여기에는 배우자, 자녀 또는 손주, 친한 친구, 소중한 취미 및 종교적 신념이 포함된다. 삶의 새로운 단계에 들어서기 전에 어떻게 이것들을 식별하고 신뢰하고 의지할 것인가를 아는 것은 풍요로운 삶의 영위를 위해서 중요하다.

2. 낡은 정체성을 버린다

어떤 면에서 우리 모두는 직업에 의해 정체성이 정의된다. 그리고 이것은 자신이 하는 일에 깊이 몰입하는 성향의 사람들에게는 특히 그렇다. 이런 사람들은 심지어 장기휴가 동안에도 업무로부터 완전히 플러그를 뽑는 것을 어려워한다. 이들은 영구적으로 일에서 벗어나는 것을 마치 자신의 정체성의 핵심 부분을 상실하는 것처럼 느낄 수 있다. 그러나 새로운 삶의 국면에 들어가려면 낡은 것을 버려야 한다. 고삐를 넘겨주고자 한다면 깨끗하고 완전하게 하라. 직장을 그만둘 때는 최소한 처음에는 이전의 생활에서 완전히 벗어날 수 있도록 격리의 경계를 긋는 것이 필요하다.

3. 은퇴 여정을 함께 할 사람들에게 먼저 다가간다

성장, 파괴, 변화의 모든 시기는 다른 사람들과 함께 경험할 때 보다 쉽게 탐색할 수 있다. 은퇴 전환하면 누가 당신과 함께 할 것인가? 배우자? 친한 친구 몇 명? 자녀들? 멘토? 전환 기간 동안 이들을 의지하고 믿으며 조언을 구하고, 당신과 함께 인생을 생각하면, 그 과정을 보다 명확하고 쉽게 관리할 수 있다. 의지하고자 하는 사람들에게 자신이 누구인지 알리고 은퇴 여정에 함께 해 달라고 요청하라. 사람들 간의 관계가 행복과 목적 모두의 중심이라는 점을 감안할 때, 전환기에 다른 사람에게 먼저 다가가는 행위 자체가 새로운 의미를 만들어 낼 수 있다.

4. 제자리에 머물러 있지 않는다

보리스 그로이스버그Boris Groysberg와 로빈 에이브러햄스Robin Abrahams는 무언가 어떤 방향을 향해 나아가지 않으면서, 현재의 위치에서 벗어나려고 해서는 안 된다는 설득력 있는 글을 썼다. 그리고 이것은 은퇴 후에도 사실이다. 경력 그리고 경력이 부여한 목적을 마무리하면서 아무런 계획 없이 다음 단계로 넘어가려는 유혹을 거부하라. 그보다는 인생의 이러한 새로운 시간, 그리고 그것이 가져올 새로운 목적의 원천을 준비할 기회를 수용하라. 이 마지막 요점은 은퇴 전환을 탐색하는 데 특히 중요하다.

::: 은퇴 전환 탐색 6대 영역

사람들은 자신의 커리어를 훨씬 넘어서는 다양한 목적의 원천에 둘러싸여 있다. 그리고 새롭고 목적있는 삶의 다음 단계를 탐색하기 위해 살펴봐야 하는 6대 영역이 있다. 이 영역들을 분명하게 하면 기존의 의미 영역을 재확인하고 새로운 가능성을 탐색할 수 있다.

나는 사랑love, 여가활동 및 자기개발Avocations and self-improvement, 미의 추구Beauty, 직업Occupation, 종교 혹은 철학적 믿음Religious or philosophical tradition, 타인에 대한 봉사Service to others라는 6개 영역을 LABORS라는 약어로 만들었다.

사랑

인생의 행복을 결정하는 가장 큰 요인은 긍정적인 관계의 깊이와 넓이다. 나이를 먹어가면서 겪게 되는 커다란 위험의 하나는 본의 아니게 외로움과 고립에 빠질 가능성이 있다는 것이다. 긍정적인 관계의 광범위한 그물망을 찾아서 능동적으로 대처해야 한다. 은퇴의 어려운 점은 업무 관계를 뒤로 하고 떠나야 한다는 것일 수 있다. 그러나 긍정적으로 보면 은퇴는 새로운 관계를 위한 여백을 만들고 기존의 관계를 심화시킬 수 있다.

많은 사람에게 이것은 가족으로부터 시작된다. 자신의 일을 좋아하는 사람들조차 정규직의 세상을 떠나는 주요 이유 중 하나는 자신의 배우자, 자녀, 손주와 함께하는 시간을 더 갖는 하는 것이다. 이것은 목적의식을 느끼는 데 중요한 부분이다.

그러나 관계는 여기에서 멈출 필요가 없다. 루퍼스 매세이는 이전에 함께 일했던 사람들과의 관계를 계속 유지할 수도 있으며, 잠재적으로 경력 기간 중 형성한 멘토링 관계를 지속할 수도 있다고 한다. 자원봉사, 달리기, 악기 연주 등 새로운 활동을 시작하면서 커뮤니티를 구축하고 새로운 유대감을 형성할 수 있는 기회를 가질 수도 있다. 그리고 인생의 모험을 함께 할 수 있는 은퇴 연령에 도달한 친구도 있을 수 있다.

여가활동 및 자기개발

정규직에서 은퇴하면 자신의 열정을 추구할 수 있는 특별한 시간을 만들 수 있다. 또한 운동과 명상, 건강한 식사, 지적 호기심 추구 등을 통해서 자신을 진정으로 돌볼 수 있는 여지를 만들 수도 있다. 이러한 여가활동과 주도적인 자기개발은 모든 연령대에서 목적의 중요한 원천이다. 하지만 은퇴 시점에는 그 중요성이 증폭된다. 핵심은 은퇴의 목표가 '자유시간' 자체가 아니라 좋아하는 일을 추구하는 것임을 기억하는 것이다. 이러한 활동과 함께 은퇴가 다가옴에 따라 성취하고자 하는 바를 파악하게 되면 무엇인가 불안한 느낌을 피하는 데 도움이 된다.

신체적, 정신적 건강, 지적 발달과 같은 자기 개발 영역을 미리 발굴하여 새롭게 주어진 자유 시간을 활용하고 목표를 설정하고 몰입해 보라. 선거관리 자원봉사, 수채화 그리기, 장신구 디자인, 양봉 등 체계적인 방식으로 투자할 수 있는 취미 또는 열정 프로젝트를 최소 2~3개 찾아 보라. 당신을 이전 직장에서처럼 바쁘게 만들 필요는 없지만 이러한 활동은 당신의 하루를 구조화하고 도전과 성취감을 느낄 수 있도록 한다.

미의 추구

바쁜 직장생활 속에서 시간을 할애하기 가장 어려웠던 목적 중 하나는 아름다움의 추구이다. 반드시 메이크업이나 매력적으로 보이게끔 하는 것을 말하는 것이 아니다. 이것은 자신의 감각을 기쁘게 하는 모든 활동을 의미한다. 하루 종일 책상에 앉아 있거나 업무를 위해 바쁘게 움직이는 동안에는 아름다움을 추구하고 온전히 감상할 수 있는 시간을 찾기가 어려울 수 있다. 아름다움은 행복과 강한 연관성이 있으며, 놀라운 목적의식과 의미를 제공할 수 있다. 은퇴는 이러한 특별한 시간을 즐길 수 있게 한다. 당신은 어떤 종류의 아름다움을 좋아하는가? 어떻게 하면 아름다움을 가장 잘 경험할 수 있는가? 크로스컨트리 여행이나 장기간의 하이킹을 통해 자연을 감상해 보라. 박물관을 방문하거나 그림을 그려 보라. 읽고 싶었던 좋은 책을 여유롭게 읽어 보라. 그리고 항상 눈여겨보던 도예 수업을 참가해 보라. 아름다움은 모든 연령대에 있어서 풍요로운 삶의 중심이다. 은퇴가 주는 자유와 유연성은 인생의 다른 어느 때보다 아름다움을 경험할 수 있는 더 많은 기회를 제공한다.

직업

당연히 은퇴의 요점은 정규직을 떠나는 것이다. 하지만 은퇴가 일을 완전히 포기하는 것인지, 아니면 단순하게 일이 더 이상 삶의 중심이 아닌 단계로의 이행인지, 은퇴자들은 정직하게 자문해 보아야 한다. 상당수 은퇴자들은 파트타임 업무를 통해 일이 제공하는 의미를 유지하면서 은퇴가 제공하는 모든 유연성을 성공적으로 달성하고 있다. 전문가로서의 성취감, 관계 및 지적 추구와 같은 경력의 이점을 제공할 파트타임 일이 있는가? 당신은 책을 쓸 수 있으며, 현업에서의 오랜 경험을 대학에서의 강의로 전환할 수도 있다. 또는 여러 단기 프로젝트를 수행할 수도 있으며 부동산 임대관리를 할 수도 있다. 또한 마을 주변의 다양한 사람들을 만나기 위해 차량공유서비스 운전을 할 수도 있다. 정규직에서 은퇴한다고 해서 일을 완전히 포기해야 하는 것은 아니다. 새롭고 더 여유로운 삶의 다음 단계에 보다 적합하도록 업무를 재구성하는 것은 어렵지 않을 수 있다.

종교 또는 철학적 믿음

많은 사람들에게 노화는 성찰의 시간이다. 당신은 오랫동안 경험과 지혜를 축적해 왔다. 그리고 그 어느 때보다 죽음에 가까워진다. 은퇴는 지금까지 그다지 종교적이거나 철학적이지 않았던 사람들에게도 삶의 본질에 대해 사려 깊은 질문을 할 수 있는 훌륭한 기회를 제공할 수 있다. 세계 인구의 약 85%가 종교를 가지고 있으며, 훨씬 더 많은 사람이 자신들이 고수하는 일종의 도덕적, 철학적 전통을 가지고 있다. 많은 연구에 따르면 종교 신자들은 보다 행복하고 보다 공익활동에 참여하며 보다 좋은 경험을 한다고 한다. 특히 공동체에 참여하거나 기도와 같은 명상 수

련에 참여할 때 보다 건강하다고 한다. 고대로부터의 격언은 "반성하지 않는 삶은 살아갈 가치가 없다."라는 것을 일깨운다. 정신없이 바쁘게 돌아가는 기간에는 업무에 바쁘기 마련이고 존재에 대한 커다란 질문은 한쪽 편으로 제쳐두게 된다. 그러나 은퇴는 이러한 질문을 하고 자신이 찾는 대답으로부터 의미를 얻는 기회가 된다.

당신이 이미 어떤 종류의 종교적 또는 철학적 신념이 있다면 그것에 더 깊이 침잠하도록 하라. 교회, 회당 또는 기타 예배 장소에서 자원봉사를 하거나 다른 사람들과 함께 자신의 신념과 신앙에 관한 책을 읽도록 하라. 아직 찾고 있거나 불확실한 경우라면 시간을 내어 탐색하라. 삶의 깊은 의미를 탐구한 것을 후회하는 사람은 거의 없으며, 많은 사람들에게 집중과 성취의 놀라운 원천을 제공한다.

타인에 대한 봉사

다른 사람에 대한 봉사만큼 삶을 즉각적으로 변화시키는 능력을 가진 것은 없다. 여러 연구에 따르면 다른 사람에 대한 봉사는 자신의 삶에서 있어서 의미와 목적을 만드는 핵심이다. 자원봉사는 스트레스에 대처하고 우울증과 싸우도록 하고 행복을 만들고 자신감을 높이며 신체 건강과 도움이 된다고 한다. 그리고 우리 모두는 다른 사람에게 봉사할 때 보다 행복하고 성취감을 느끼며 의욕이 생기고 몰입하게 된다.

은퇴 후 누구에게 봉사할 수 있는가? 지역 학교에서 책을 읽거나 지역 사회의 프로그램을 통해 멘토가 될 수 있다. 노숙자 보호소에서 일하거나 공원 청소 자원봉사를 할 수도 있다. 또한 주변 지역의 교회에서 어려운 사람들을 돕거나, 어린이 병원 혹은 발레단의 이사회 구성원으로 봉사할 수도 있다. 새로 얻은 자유시간과 축적된 경험으로 다른 사람에게 봉사할 방법을 찾는 것은 은퇴가 전적으로 자기중심적이거나 무의미한 추구에 머무르지 않도록 한다.

관계, 타인에 대한 봉사, 아름다움에 대한 감탄, 삶에 대한 중요한 질문, 재능을 발휘할 건설적인 취미 또는 아르바이트 찾기를 통해 새로운 목적의 원천을 배양하여 은퇴 전환을 신중하게 탐색하는 것은 방향타가 없는 은퇴가 아니라, 새롭고 흥미로운 목적으로 가득 차 있는 은퇴를 만들 수 있다.

존 콜먼 John Coleman: 『HBR Guide to Crafting Your Purpose』의 저자. 무료 뉴스레터 『On Purpose』와 iohnwilliamcoleman.com에서 그의 글을 읽을 수 있다.

7. 성공적 은퇴를 위한 전환 기술

- 은퇴를 앞두고 우리들은 두려움(나는 누구인가?)과 흥분(어떠한 변화를 겪게 될까?), 혼란(진정으로 내가 원하는 것은 무엇인가?)을 경험하게 된다.
- 삶은 길어지고 전환은 일상화되고 있다. 따라서 은퇴 시점 의사결정은 어느 때보다 중요하다. 떠나야 할 때를 심사숙고하라
- 상당수 사람들은 나이가 들어서도 자신이 누구인지 잘 알지 못한다. 자기 자신을 이해하고 밝히도록 하라
- 은퇴 계획을 시장에서 테스트하고, 자신에게 가장 중요한 것이 무엇인지 파악하라. 외부의 피드백을 통해 도움을 요청하라.
- 아직 자신의 날개를 시험할 수 있는 몇 십 년의 시간이 남아 있다. 다음 단계의 삶에 과감하게 도전하라.

나의 정원에는 첫발을 내딛는 작고 연약한 개똥지빠귀 한 마리가 앉아 있다. 사랑스러운 노랑색의 개똥지빠귀는 약간 몽롱하고 지쳐 보이며 털이 엉망이었다. 그 새는 내가 알고 있는 많은 사람들과 비슷하다. 거의 모든 연령대의 사람들이 불확실하고 알 수

없는 새로운 세계로 첫발을 내딛는 전환의 어떤 뾰족한 모퉁이에 서 있는 것 같다!

이제 겨우 57살이 된 나는 아기 새와 증조할머니라는 커다란 스펙트럼의 양 끝단 사이에서 아슬아슬하게 균형을 이루고 서 있는 느낌이다. 이러한 중간 지점에서, 나는 변화의 끝지점에 집단적으로 절벽에 대롱대롱 매달려 있는 듯한 우리 가족을 관찰할 수 있다. 우리 가족 모두는 거의 동시적으로, 그리고 예기치 않게 삶의 다음 단계로 전환하고 있다. 딸은 대학을 졸업했고, 아들은 첫 직장에 취직했다. 남편은 여전히 자신이 은퇴자라고 불리는 것을 거부하고 있다. 어머니는 처음 보청기를 착용하고서는 도시 주변에 울리는 사이렌 소리에 짜증 내고 있다. 직장을 잃은 친구, 다른 나라로 이주한 친구, 배우자와 이혼한 친구 세 명은 말할 것도 없다.

세대를 초월하여 우리들 모두는 자신이 무엇이었으며(정체성, 커뮤니티, 동료 및 역량), 삶의 다음 단계에 무엇이 기다리고 있는지(아직 알려지지 않고 정의되지 않았으며 모호하다.) 탐색하기 위해 고군분투하고 있다. 우리 모두는 두려움(나는 누구인가?)과 흥분(나는 어떤 변화를 겪게 될 것인가?), 혼란(내가 진정으로 원하는 것은 무엇인가?), 그리고 확실성(전환해야 하는 시점)이 혼재된 채 혼란스러워하고 있다.

우리 중 상당수는 이전보다 더 오래 더 건강하게 살게 되고,

이러한 한계의 순간을 더 많이 직면하게 될 것이다. 그래서 나는 정원에 앉아 새끼 개똥지빠귀의 첫 날갯짓을 지켜보면서 앞으로 다가올 수십 년을 준비하는 방법을 탐구하고 있다.

여정의 어디에 있든지 간에, 우리 모두는 전환 기술을 보다 잘 익힐 수 있다. 그러려면 다음 5가지 기술에 집중해야 한다.

┅ 보폭을 유지하고 다음 단계 삶을 계획한다

장수는 그 어느 때보다도 우리에게 변화에 대비한 계획이 필요하다는 것을 의미한다. 수십 년의 추가적인 삶이라는 선물을 제대로 사용하려면, 추가적으로 주어진 기간 동안 무엇을 할 것인지 결정해야 한다. 사람들은 모든 것을 가질 수 없다고 말한다. 하지만 시간이라는 선물은 우리가 생각했던 것보다 훨씬 더 많은 것을 가질 수 있는 선택권을 제공한다.

- 지금까지의 자신의 삶의 연대기를 측정해 보라. 에릭 에릭슨 Erik Erikson은 7년 단위로 성인기를 구분했다. 지나온 각각의 7년 동안 당신의 최고의 순간은 언제인가? 성취한 것과 배운 것은 무엇인가?
- 당신이 100세가 되기까지 7년이라는 기간이 몇 번이나 남아

있는가?
- 100세라는 타임라인을 그리고 그 위에 자신을 배치하고, 남아 있는 삶의 기간을 확인해 보라.

::: 은퇴 시점을 결정한다

직업, 삶의 어떤 단계 혹은 관계에서 마지막 지점에 도달했음을 깨닫는 순간이 온다. 삶이 길어지고 개인 생활과 직업 생활 모두에서 전환의 양태가 다양해짐에 따라 어느 시점이 끝내야 할 때인지를 잘 아는 것은 점점 더 중요한 기술이 될 것이다. 은퇴는 번아웃이나 지루함, 우울증이나 탈진과 같은 내부적 요인에 의해 촉발될 수 있다. 또는 구조조정과 해고, 이혼 또는 다른 주요한 삶의 변화와 같은 외부적 요인에 의해 촉발될 수도 있다. 이 모두는 재창조의 전조이다. 직장이나 가정에서 관여된 모든 사람에게 쉬운 시간은 아니다. 우리는 머물러야 할지 떠나야 할지 고민하면서 비생산적으로 많은 시간을 배회하며 보낼 수도 있다. 그러나 좋은 마무리는 좋은 시작을 위한 최고의 구성 요소이다.

- 선택하면 선택권이 주어진다. 때로는 실제로 전환하기 몇 년 전의 의사결정이 첫 번째이자 가장 큰 단계가 될 수 있다.

- 단지 어떠한 애착이나 두려움 때문에 그냥 그대로 머무르고 있는 것은 아닌지 자문해 보라. 당신은 지금 자신이 있는 곳을 사랑하고 있는가? 아니면 단지 미지의 장소로 떠나는 것이 두려운 것인가? 많은 사람이 여기에 갇혀 있다. 직위와 직책, 월급이 없다면, 회사에서 퇴직한 이후의 나는 누구인가? 이것은 두려운 질문이 아니라 흥미진진한 질문이 될 수 있다.

- 혼란스러움과 모호함, 그리고 의심스러움을 수용하라. 바로 그곳에서 새로운 개념 정의가 나오게 된다. 그리고 기억하라. 당신 혼자서 모든 것들을 맞닥뜨려야 할 필요는 없다.

∷ 자신의 내면을 이해하고 드러낸다

자기 자신에 대한 이해는 나이 들면서 얻게 되는 보상 중 하나이다. 상당수 사람에게 자기 내면은 성인 후반기까지에도 미지의 영역으로 남아 있다. 내 친구 메리Mary는 오랫동안 창의적인 작업을 갈망했다. 하지만 60대에 들어서서 글을 쓰고 그림을 그리기 전까지는 자기 자신을 예술적이라고 생각해 본 적이 없었다. 이제 80세가 된 그녀는 성공적인 예술가이자 시인이다. 당신의 어떤 부분이 날개 속에 숨겨져 있는가? 당신 스스로의 길을 나아가게 하기 위한 몇 가지 질문은 다음과 같다.
- 지금까지 당신의 경력 중에서 가장 즐거웠던 일은 무엇인가?
- 어떤 종류의 사람들이 당신에게 활력을 주고, 어떤 유형의 환경이 당신을 가로막고 있는가?
- 현재까지의 경력을 계속 유지하고 싶은가? 아니면 처음부터 다시 시작하고 싶은가? 무엇인가 새롭게 성취하고 싶은가? 아니면 다시 시도하지 못할 것 같은가?
- 어떠한 균형을 우선시하고자 하는가? 어떤 한 가지에 집중하고 싶은가? 아니면 일련의 다양한 포트폴리오 활동을 하고자 하는가?
- 당신의 닻을 안전하게 고정시키고자 하는가? 아니면 그냥 바람에 맡기고자 하는가?

오랜 기간이 걸릴 수 있는 은퇴 여정을 떠나면서, 당신은 신뢰할 만한 사람들로 은퇴 자문단을 구성하고, 현실적인 시간 및 재무계획을 수립하고, 배우자와 상의하고 도움을 얻을 필요가 있다. 인생의 다음 단계를 준비하려면 링크드인 프로필 업데이트 이상이 필요하다. 어떤 7년 기간의 프로젝트를 준비하듯이 진지하게 다음 단계의 삶을 위해 투자하라.

::: 외부의 시선으로 자신을 들여다본다

모든 전환 계획은 외부 세계의 피드백을 통해 도움을 받을 수 있다. 기본적으로 당신은 자신의 계획을 시장에서 테스트하고 가장 중요하고 가장 가치가 큰 것이 무엇인지 파악해야 한다. 클레어Clare와 마크Mark는 60대 초반에 은퇴하고 영국을 떠나 다른 나라에서 살고 싶었다. 그래서 50대에 그들은 직장에서 안식년을 얻어서 서로 다른 4개 나라에서 3개월씩 살면서 자신들에게 완벽한 장소를 찾고자 했다. 결국 이러한 경험은 다른 나라로 이주하는 대신, 새로운 직업에 진출하기로 결정하는 데 도움이 되었다. 그들은 살던 곳에서 불과 한 시간 거리에 있는 새 집으로 이사하고 지속가능성과 요리에 대한 오랜 열정을 충족시키기 위해 친환경 농장을 시작하기로 결정했다.

이러한 과정은 런던비즈니스스쿨의 허미니아 이바라 교수가 은유적으로 표현했던 '외부 세계에 대한 관찰'- 자신이 사랑하는 곳만이 아니라 사랑받는 곳을 발견하기 위해 새로운 장소를 실제로 방문해 보는 - 이라고 부르는 것이다. 그녀의 말하고자 하는 요점은 자기 자신의 통찰력만으로는 충분하지 않을 수 있다는 것이다.

- 다른 사람들이 당신에 대해 가장 높이 평가하는 것은 무엇인가?

- 당신이 했던 일 중에서 다른 사람들의 최고의 반응, 가장 큰 감사 또는 후속조치를 이끌어냈던 일은 무엇인가?
- 당신의 어떤 시도가 당신을 열광시키는 종류의 질문, 사람 또는 프로젝트를 촉발했는가?
- 당신은 언제, 어디서, 누구와 있을 때 가장 살아 있다는 느낌을 받는가?

⋯ 다음 단계의 삶으로 뛰어든다

새로운 단계로 성공적으로 전환하고, 생애 처음으로 자신이 깊은 관심을 갖고 있는 것에 몰입하는 사람들을 지켜보는 것은 고무적인 광경이다. 어떤 사람들은 부모로서 가족에 대한 모든 의무를 다한 후에야 비로소 오래전부터 소망했던 자신의 소명을 찾는다.

마침내 자기 스스로와 일치하는 데에서 오는 자유는 심오하다. 명성도 재산도 만족하지 못하는 영혼을 부양할 수 없다. 에리히 프롬은 반세기 전에 이렇게 말했다. "개인의 모든 생애는 자기 자신을 탄생시키는 과정에 지나지 않는다. 태어나기도 전에 죽어가는 것이 대부분의 사람들의 비극적인 운명이다. 하지만 우리는 죽을 때 완전히 새롭게 태어나야 한다."

아직 우리의 날개를 시험할 수 있는 몇십 년의 시간이 남아 있는 지금, 진정한 도전은 비행을 시작하기에 너무 늦지는 않았다는 것을 기억하는 것이다.

아비바 비텐베르그콕스 Avivah Wittenverg-Cox: 젠더 및 세대간 문화 차이에 관한 컨설팅을 하는 '20-first'의 CEO. 『Seven Steps to Leading a Gender-Balanced Business』의 저자이다.

* hbr.org 2018. 7. 5. 기사를 일부 수정 재수록

3장

대안을 탐색하라
Consider Your Options and ways forward

8. 앙코르 커리어
9. 새로운 시작을 위한 4단계 은퇴 여정
10. 갑작스러운 실직, 이렇게 치유하라
11. 코치, 컨설턴트
12. 사외이사
13. 리더를 위한 은퇴 전환 가이드

8. 앙코르 커리어

- 은퇴는 국가, 지역사회, 가족에 어떻게 기여하고 싶은지 생각해 볼 수 있는 기회이다. 은퇴 이후 자신이 설정한 새로운 목표를 위해 노력하면 보람있는 노후가 다가올 것이다.
- 은퇴 이후 무엇을 하고 싶은지, 자신에게 가장 소중한 것이 무엇인지 생각하는 시간을 확보하라. 의미있고 만족스러운 일을 찾는 데 2~3년 이상의 시간이 소요될 수도 있다.
- 관심있는 다양한 일을 직접 시도하라. 무엇이 자신에게 적합한 일인지 탐색하라. 당신에게 관심을 갖고 당신을 지원하는 사람들로부터 피드백을 받도록 하라.
- 집중하고 몰입하고 싶은 일을 발견했다면, 그것이 "진정으로 가치있는 일인지? 세상에 기여하는 일인지? 무언가를 배우고 성장하는 일인지?"라는 질문을 반복해 보라.

당신은 평생 열심히 일했고 이제 은퇴를 앞두고 있다. 문제는 당신이 오랫동안 기대해 왔던 한가로운 아침, 정원에서 퍼팅하는 오후, 이국적인 장소로의 여행 같은 것들만으로는 당신을 잘 살아가게 하기에 충분하지 않다는 것이다. 소득과 삶의 의미, 사회 환원 등이 결합된 앙코르 커리어는 정규직 은퇴에 대한 인기 있는 대안이 되고 있다. 하지만 어디에서 시작해야 할 것인가?

　베이비붐 세대, 일, 사회적 기여에 연구의 초점을 맞추고 있는 싱크탱크인 encore.org에 따르면 오늘날 44세에서 70세까지의 연령대 사람들 중 거의 900만 명이 앙코르 커리어에 종사하고 있다. "사람들이 보다 길고 건강한 삶을 영위하고 있으므로 60대 중반에 정규직을 그만둔다는 것은 남아 있는 20~30년의 삶을 그냥 지켜보고만 보고 있다는 것을 의미합니다. 아주 긴 기간입니다. 물론 은퇴 이후 어떻게 생계를 유지할 것인가에 대한 재정 문제도 있습니다. 하지만 이것을 넘어서 자신이 어느 곳을 지향하고 있는지에 대한 근본적인 질문이 있습니다."라고 encore.org의 최고경영자이자 『거대한 이동The Big Shift』의 저자인 마크 프리드만Marc Freedman은 말한다.

　삶의 다음 단계에서 새로운 경력을 시작하고자 하는 것은 벅찬 일이다. 반면에 쉐퍼컨설팅의 선임 파트너이자 캘리포니아대학 하스 경영대학 교수인 론 애쉬케나스Ron Ashkenas는 "흥분과 자극, 흥미를 기반으로 하여 과거를 버리고 새로운 정체성을 구축하는 것은 일종의 해방이다."라고 말한다. 『자신의 삶을 어떻게 평가할 것인가How Will You Measure Your Life?』의 공동 저자인 카렌 딜런Karen Dillon은 "은퇴는 국가, 지역사회, 가족에 어떻게 기여하고 싶은지 생각해 볼 수 있는 기회가 된다. 그리고 책임감을 갖고 자신이 설정한 새로운 목표를 위해 노력한다면 더 많은 보람을 느낄 수 있다."라고 한다.

다음은 삶의 새로운 단계를 준비할 때 고려해야 할 몇 가지 사항들이다.

∷ 주변에 자신의 은퇴 계획을 알린다

그렇게 해도 자신의 현재 직위가 위태롭지 않을 것이라고 확신한다면, 직장 동료들에게 공식적으로 자신의 은퇴 계획을 알린다. "이것은 엉뚱한 일이 아니다. 이렇게 하면 은퇴 이후 활용할 수 있는 네트워크가 있는지 확인할 수 있는 기회를 얻을 수도 있다."라고 애쉬케나스는 말한다. 또한 회사와 좋은 관계를 유지하고, 퇴직 이후 비정기적인 프로젝트 및 과제를 수행할 수 있는 기회가 있는지 알아보는 것이 중요하다. 딜런은 "전화벨이 울리기만 기대할 수는 없다. 일찌감치 씨앗을 심고 가꾸면 경험과 기회가 찾아온다."라고 덧붙인다.

::: 서두르지 않는다

직장을 그만두고 나면 다음에 무엇을 하고 싶은지 생각할 수 있는 시간(이상적으로는 몇 개월)을 스스로에게 허용하라. "쉬고, 갱신하고, 회복할 시간을 가지라."고 프리드만은 말한다. 은퇴 전환을 탐색하는 데에는 어느 정도의 시간이 필요하다. "당신은 수십 년 동안 일했고, 일과 가정 사이에서 저글링했다. 그러다 보니 삶의 다음 장에 대해 생각할 시간이 없었을 것이다. 의미 있고 만족스러운 일을 찾는 데 2~3년이 소요될 수도 있음을 염두에 두어야 한다."

::: 자신에게 가장 소중한 것이 무엇인지 자문한다

딜런은 자신을 감정적으로 채워주는 것들의 목록을 만든 다음 자신에게 영감을 주고 행복하게 만드는 것들이 정확히 무엇인지를 세부적으로 파악해 볼 것을 제안한다. 자녀와 함께 시간을 보내거나 도전적인 일을 하는 것을 예를 들어 보자. 딜런은 "당신이 가장 좋아하는 것은 여행과 같이 자녀와 함께 새로운 경험을 하는 것이고 당신이 일에서 정말로 좋아하는 것은 다른 사람들과 협력해서 무언가를 창조하는 것일 수 있다. 자신에게 가장 중요한 일을 하고, 자신이 어떤 선택을 하고 어떻게 시간을 보내고 있는지 의식하라."라고 말한다. 프리드만은 "인생의 이 시점에서 당신의 목표는 자신의 우선순위가 무엇인지 파악하는 것이다."라고 말한다.

::: 기꺼이 시도하고 실험한다

프리드만은 '구매 전 시험적으로 사용해 보는' 접근방식을 권장한다. "관심있는 일을 직접 해보는 방법을 찾으세요."라고 그는 말한다. 인턴십, 펠로우십 또는 아르바이트를 찾아보고, 비영리단체의 이사회에 자원해 보라. 다양한 종류의 일을 시도하거나, 커뮤니티 칼리지의 수업에 등록하라.

딜런은 "재미있고 흥미롭고 새로운 것을 배울 수 있다면 그렇게 하세요."라고 말한다. 또한 힘들게 얻은 전문 지식을 새로운 영역에서 활용하는 방법을 찾으라고 애쉬케나스는 말한다. "은퇴했다고 해서, 당신이 당신 자신이 되는 것을 멈추는 것이 아니다. 당신은 여전히 당신이고, 당신은 여전히 같은 기술을 가지고 있다. 새로운 상황과 환경에 이를 적용할 수 있다."

::: 일상의 구조를 유지한다

은퇴 후 잠시 휴식을 취한 후에는 직장생활이 제공하는 구조와 커뮤니티로 돌아가는 것이 중요하다. "업을 수행하면서 마일스톤을 확인하는 것과 마찬가지로 은퇴 후에도 기대하고 예상할 일이 필요하다."라고 애쉬케나스는 말한다.

동창회, 자원봉사 단체 또는 종교 단체, 프리랜서 그룹, 북 클럽 또는 가상 커뮤니티와 같은 그룹이나 커뮤니티에 가입하는 것을 고려하라. "사무실 환경에서 얻을 수 있었던 농담, 수다, 웃음, 정보 등이 비공식적인 환경에서도 필요하다."라고 딜런은 덧붙인다. 프리드만은 "당신과 같은 문제로 씨름하고 있는" 다른 사람들과 대화하는 것도 도움이 된다고 말한다.

책임감을 갖는다.

전환을 탐색할 때, "목표를 생각해야 한다."라고 딜런은 말한다. 또한 배우자나 파트너, 자녀, 친구 등 당신이 관심 갖는 사람들로부터 당신이 잘 해내고 있는지 피드백을 받고 시간을 어떻게 보내고 있는지에 대해서 "자신에게 솔직해야 한다. 그리고 '기분이 좋고 건강한가? 자극을 받고 있는가? 다른 사람들로부터 어떤 대답을 강요받는 것은 아닌가'라고 자문해 보라."라고 딜런은 말한다. 그리고 자신이 어디에 집중하고 싶은지 파악했다면, "나는 가치를 더하고 있는가? 기여하고 있는가? 무엇인가를 배우고 있는가."라는 질문을 계속할 필요가 있다고 애쉬케나스는 말한다.

∷ 사례: 전문성과 인맥을 활용한 사회 환원

빌 해거트Bill Hagget는 미국 메인 주에 있는 배스제철의 사장 겸 대표이사로, 나중에는 캐나다 뉴브런즈윅에 있는 어빈조선소의 책임자로 경력의 대부분을 조선산업에서 보냈다. 1990년대 후반에 어빙을 떠나 메인 주로 돌아온 후 빌은 지역사회에 보답하고 싶었다. 그의 최우선 과제는 고향에 새로운 YMCA를 건축하는 것이었다. 빌은 YMCA를 위한 기금 마련을 도왔고 새로운 단지 설계도 지원했다. "저는 1940년대에 메인 주 배스에서 자랐고, 보잘 것 없는 가정에서 태어났습니다. 그리고 YMCA는 저와 제 친구들에게 훌륭한 배출구였습니다."라고 그는 말한다.

2000년까지 YMCA 프로젝트는 완료되었지만 빌은 '은퇴 모드로 전환'하는 데 관심이 없었다. 메인 주에 있는 대규모 자선단체인 리브라재단Libra Foundation이 그에게 접근했다. 재단은 파산 직전에 있는 메인 주 북부에 있는 한 감자 식품회사에 전략적 투자를 하고 싶었고, 빌에게 "회장 겸 대표이사를 맡아 줄 수 있습니까?"라고 질문했다.

빌은 식품사업에 대해 아는 바가 없었고 메인 주 북부로 이사하고 싶은 생각도 없었다. 그러나 인생의 다음 단계에서 원하는 것이 무엇인지 곰곰이 생각한 후, 그는 그 기회가 매력적이라는 것을 깨달았다. "그것은 메인 주의 해당 지역에 가치와 일자리를 창출함으로써 경제를 활성화하는 기회였습니다."라고 그는 말한다. 그 일은 빌에게도 개인적인 차원에서의 도전이었다. "저는 사업을 역전시키는 도전을 원했습니다. 새로운 것을 배워야 했지만, 저에게 문제해결을 위한 전문지식도 있다고 생각했습니다."

초기에는 어려움이 있었지만 얼마 후 천연 감자식품사업은 개선되었다. 매출이 40% 증가했고 회사는 수익성을 되찾았으며, 2005년에는 캘리포니아에 기반을 둔 BAF에 매각되었다. 한편 빌은 계속해서 육류회사를 운영했다. 그러나 천연 감자식품사업은 BAF의 기대에 미치지 못했으며 2010년 리브라재단이 회사를 다시 인수했을 때 빌은 최고경영자 역할을 다시 맡았다.

80세에 파인랜드식품의 회장 겸 최고경영자인 빌은 여전히 일을 그만둘 계획이 없다. "저는 활력이 넘칩니다."라고 그는 말한다. "제 나이의 큰 즐거움 중 하나는 함께 일하는 모든 사람이 저보다 어리다는 것입니다. 그들은 제가 가지고 있지 않은 기발한 아이디어, 기술에 정통합니다." 몇 년마다 새로운 비즈니스를 배우는 것이 '자극적'이라고 그는 말한다. "저는 유용하고 기여하는 것을 좋아합니다."

레베카 나이트 Rebecca Knight: 커리어와 직장 문제를 주로 다루는 <Insider>의 선임 특파원. 이전에는 프리랜서 저널리스트이자 웨슬리안대학 강사였다. 그녀의 기사는 New York Times, USA Today 및 Financial Times에 게재되었다.

* hbr.org 2014. 9. 4. 기사를 일부 수정 재수록

9. 새로운 시작을 위한 4단계 은퇴 여정

- **1단계**: 은퇴 여정의 첫 번째 작업은 곧바로 운전대를 잡는 것이 아니라 어떤 여행을 할 것인지 결정하는 것이다. 가장 중요한 것은 지금 이 순간에 하고 있는 일을 왜 하고 있는지 아는 것이다.
- **2단계**: 네비게이션에 목적지를 입력하면 여러 가지 경로와 예상 도착 시간을 확인할 수 있다. 흥미를 끄는 경로를 확인했다면 구체적으로 계획하고 주변의 도움을 요청하라.
- **3단계**: 여행하고자 하는 지형에 따라 서로 다른 신발과 타이어가 필요하다. 당신의 은퇴 여정에 필요한 새로운 기술과 역량을 개발하고 네트워크를 구축하라.
- **4단계**: 운전 중에는 타이어 펑크, 도로 폐쇄 등 다양한 상황을 만날 수도 있다. 당신은 은퇴 여정 중 산업, 직업, 문화적 환경의 변화를 만날 수 있다. 패턴을 인식하고 유연하게 조정하라. 사전 분석과 검토가 어려운 경우는 직접 시도해 보고 재조정하라.

나는 은퇴를 앞둔 교육감인 슈 페퍼Sue Pfeffer에게 "다음 단계는 무엇입니까?"라고 물었다. 그녀의 대답은 "모르겠어요. '나중에 커서' 무엇을 하고 싶은지 아직 고민 중입니다."였다. 나는 당황해서 무슨 말을 해야 할지 몰랐다. 그녀는 미소를 지으며 설명했다. "인생은 여행입니다. 저는 그게 재미있어요. 저는 여전히 성장하고 있으며 아직 배우는 중입니다. 아마도 죽으면 그만두겠지요." 여행? 재미있는? 나는 그녀의 말을 곱씹었다. 원래 나는 회의적이었다.

바로 직전 나는 최고경영자에 취임한 투자 은행가를 만났다. 그녀는 자신이 은행가가 될 운명이었던 것인지 궁금해했다. 그녀는 "저는 단지 경영학 학위를 갖고 있었기 때문에 금융업으로 진출했습니다. 그런데 이것이 정말 내가 원했던 것이었을까? 저는 잘 모르겠습니다."라고 말했다.

IT회사에서 근무하는 소프트웨어 엔지니어도 만났다. 그는 자신의 스타트업을 포기하고 취직했다. 그런데 그는 자신을 의심하기 시작했다. 그가 나에게 이렇게 말했다. "여기서 너무 행복해요." "저는 안정성을 좋아합니다. 그렇지만 어떻든 다른 모든 사람들은 내가 행복해해도 되는지 의문을 갖게 합니다."

취업박람회에서 방금 돌아온 대학생도 만났다. 그는 혼란스러워했다. "멘토들은 저에게 내가 원하는 것은 무엇이든 할 수 있다고 계속 이야기합니다. 그러나 만약 제가 모든 것에 열정적이면서 동시에 어느 것에도 열정이 없다면 어떻게 될까요."라고 나에게 이야기했다.

서로 다른 경력 단계와 맥락에도 불구하고 내가 만난 모든 사람들에게는 공통점이 있었다. 그들은 모두 자신이 원하는 것과 필요한 것, 할 수 있는 것과 해야 하는 것, 자신의 정체성과 자신의 현재 상태 사이에서 씨름하고 있었다.

나는 월스트리트저널에 베스트셀러로 소개되었던 『무언의 규칙The Unspoken Rules』을 쓰기 위해 다양한 경력 단계의 직장인들과 500회 이상의 인터뷰를 진행했었다. 당신이 이제 막 커리어를 시작했든 아니면 슈처럼 경력을 마무리하고 있든 간에, 이러한 커다란 질문과 씨름하는 것은 아직 끝나지 않았으며 끝날 수도 없다.

어떻게 하면 이러한 모호함을 직면하여 명확함을 발견할 수 있을 것인가? 슈가 그랬던 것처럼 우리는 커리어를 평생의 여정으로 봐야 한다. 당신의 경력 여정은 첫 직장에서 시작하여 중간 경력, 은퇴, 그리고 그 이후까지 이어진다. 여느 여정과 마찬가지로 성공적인 여정을 위해서는 사려 깊은 성찰, 계획, 패키지화, 조정이 필요하다. 당신은 자기 앞에 놓여 있는 모든 것을 알지 못하고 알 수도 없다. 하지만 이러한 실천은 모든 경력 단계에서 나타날 수 있는 갈림길을 관리하는 데 도움이 된다.

:::: 주기적으로 성찰한다

당신이 여행을 떠난다고 상상해 보라. 첫 번째 작업은 곧바로 운전을 시작하는 것이 아니라 어떤 여행을 할 것인지 결정하는 것이다. 어떤 사람들은 특정 목적지를 염두에 두고 가능한 한 빨리 목적지에 도착하기를 원한다. 다른 사람들은 고속도로 출구 한두 개를 놓치더라도 그리 상관하지 않는다. 그들은 사진, 친구, 이야기를 위해 서두르고 있다. 그런데 스스로에게 물어봐야 한다. "자신에게 보다 중요한 것이 무엇인가? 여행의 과정인가, 여행의 목적지인가?" 도로여행에 대한 질문이 아니다. 이것은 커리어와 삶에 대한 질문이다.

현재의 커리어 여정 또는 다음 단계에서 탐구하고 싶은 경로에 대해 생각할 때 특정 역할(예: 최고경영자)에 도달하기 위해 노력하고, 특정 문제의 해결(예: 기후 변화)에 기여하고, 특정 사람들을 돕기 위해(예: 난민) 노력할 수 있다. 당신은 특정 라이프스타일을 성취(예: 세계여행, 특정 자동차 소유)를 하고자 하는가? 또는 어떤 나이에 이르러 은퇴하고자 하는가? 그렇다면 당신은 특정 목적지에 집중하는 운전자이다.

반대로 일과 삶의 균형, 목적이 있는 일, 지식과 기술 개발, 좋아하는 사람들과 일 또는 혹은 재무적 안정을 우선시하는가? 그렇다면 당신은 목적지보다는 여행 과정에 보다 집중하는 운전자이다. 당신의 한 눈은 도로를 주시하지만 다른 한 눈은 스쳐지나가는 풍경을 보고 싶어 할 수 있다.

로펌의 파트너가 되고 싶다고 해서 당신이 사악한 것도 아니고, 무언가가 되고자 하는 열망이 없다고 해서 당신이 게으른 것도 아니다. 한때는 로펌의 파트너였는데, 이제 더 이상 파트너가 되고 싶지 않다고 해서 당신이 우유부단한 것도 아니다. 당신의 목표가 다른 사람들과 같아야 할 이유는 없다. 당신의 목표가 항상 동일하게 유지될 필요도 없다. 특히 당신이 삶의 다른 장으로 들어가고자 떠날 때에는 그렇게 해서 안 된다. 가장 중요한 것은 지금 이 순간에 하고 있는 일을 왜 하고 있는지 아는 것이다. 그리고 어떠한 여정의 끝이 가까워지고 있다면, 모든 여정은 다음 단계의 모험을 기대하는 방식으로 종료된다는 점을 염두에 두라. 그러니 계속 반성하고 돌아보라. 슈가 일깨워 주듯이 결코 늦은 때란 없다.

::: 의식적으로 계획한다

지도 앱을 열고 목적지를 입력하면 가능한 여러 가지 경로와 예상 도착 시간을 확인할 수 있다. 목적지를 나중에 결정하기로 한 경우에도, 당신의 임무는 시작 지점에서의 경로를 결정하는 것이다. 커리어를 계획하는 것과 공식적인 커리어가 종료된 이후의 일이 서로 다르지 않다. 개인 위키피디아 페이지, 약력 또는 링크드인 프로필을 열면 현재의 지위에 도달하기까지 당신이 수행했던 작업에 대한 대략적인 타임라인을 찾을 수 있다. 비록 완벽한 프로필이란 없고 어느 정도의 꾸밈이 있기 마련이지만, 이러한 조사는 각 진로에 내재된 패턴, 당신을 기다리는 선택과 희생, 다른 사람의 발자취를 따르거나 앞으로 나아가고 싶은 곳을 발견하는 데 도움이 될 수 있다.

예를 들어 위키피디아를 보면 많은 할리우드 배우가 주요 장편 영화에 출연하기 전에 모델을 하거나 광고 출연으로 오랜 기간을 보냈다는 것을 알 수 있다. 링크드인을 보면 상당수 사모펀드 투자자는 사모펀드에서 경력을 시작한 것이 아니라, 투자은행에서 경력을 시작했음을 알 수 있다. 또한 많은 기업가들이 충동적으로 직장을 그만둔 것은 아니라는 사실을 알게 될 것이다. 대부분의 사람들은 충분히 수요를 확인하고 사업을 수행할 수 있을 만큼 충분한 자신감을 가질 때까지는 드러내 놓지 않고 조심스럽게 시도한다.

흥미를 끄는 몇 가지 경로를 확인했다면 다음 단계는 도움을 요청하는 것이다. 비슷한 경로를 선택한 몇몇 사람들에게 전화를 해서 "당신이 X에서 Y로 전환하신 것으로 알고 있습니다. 어떻게 전환에 성공했습니까?"와 같은 질문을 하라. "X와 Y가 주어졌을 때, 제가 어떤 일을 해야 할지 조언을 부탁드립니다."라고 요청할 수도 있다. 사람마다 일정한 편향이 있겠지만, 여행가이드는 거기까지만 안내할 수 있다. 현지인에게 추천을 요청하는 것보다 좋은 것은 없다.

새로운 경로를 배우고 숙고하는 동안 "어떤 경로가 가장 흥미로웠나요?"라는 질문을 잊지 말라. 따라서 앞서간 사람들을 분석하면서 개인적 역할모델과 직업적 역할모델이라는 두 가지 목록을 작성해 보라. 개인적인 측면에서는 어떤 삶을 가장 닮고 싶은지, 어떤 가치관에 따라 살고 싶은지 생각해 보라. 또한 직업적 측면에서 어떤 사람의 업적과 공헌이 당신에게 가장 영감을 주는지 생각해 보라. 그 누구도 완벽하지는 않다. 당신에게 여러 명의 역할모델이 있다면 삶의 복잡성을 이해하는 데 도움이 된다.

∷∷ 전략적으로 여행 가방을 꾸린다

여행하고자 하는 지형에 따라 서로 다른 신발과 타이어가 필요하다. 그리고 나라마다 서로 다른 입국 비자가 필요하다. 하지만 어디를 가더라도 칫솔과 충분한 속옷을 챙긴다면 후회하지는 않는다. 경력 여정의 각 단계를 탐색하는 데에도 동일한 논리가 적용된다. 경력 경로에 따라 서로 다른 자격요건이 요구되기도 하지만, 모든 경력 경로에 동일하게 요구되는 요건도 있다. 어떤 경로를 선택하든, 경력 여정의 과정에서 만나게 되는 도로나 날씨 조건에 관계없이, 의사소통 능력, 관계구축 능력, 학습능력이 중요하다. 따라서 쉽고 편안하게 글을 쓰고, 말하고, 사람들을 만날 수 있는 능력을 갖추도록 하라. 자신이 관심을 갖는 영역의 뉴스와 정보를 파악하는 습관을 갖도록 하라. 그들의 세계에서 어떤 일이 일어나고 있는지 알고 있으면 더 많은 사람들과 소통할 수 있을 뿐만 아니라 어떤 기회를 추구해야 하는지 알 수 있다.

당신이 어떤 경로를 추구하든 간에, 조직에서 고위직이 될수록 조직과 자신을 위한 영업사원이 되어야 한다. 예를 들어 소프트웨어 엔지니어로 경력을 시작하는 경우 매일 반복적으로 사용하는 말은 '코딩'이다. 그러나 엔지니어링 부사장이 될 때쯤이면 일상적으로 사용하는 말은 더 이상 코딩이 아니라 '영업'이다. 필요한 자원을 얻기 위해 상급자에게 아이디어를 판매하고, 구성원의 적극적 참여를 이끌어내기 위해 팀원들에게 아이디어를 판매하는 것이다. 비즈니스는 말할 것도 없고 인재를 영입하기 위해 입사 후보자들에게 하기도 한다. 따라서 당신의 경력 여정에 승진이 포함된다면, 영업기술로 자신을 계속 업그레이드하고 보충할 준비를 하라.

기본적인 여행물품 목록 외에도 모든 경로에는 추가 공급품이 요구된다. 데이터 사이언스에 관심이 있는가? 그렇다면 최신 분석기법을 학습하도록 하라. 마케팅 분야에서 경력을 쌓고자 하는가? 그렇다면 마케팅 관련 최신 동향, 용어 및 도구에 대한 최신 정보를 갖추도록 하라. 아무도 당신에게 이러한 기술을 개발하고 장기적으로 예리하게 유지하라고 명시적으로 말하지는 않는다. 하지만 다른 사람들보다 앞서 나가거나 업무 적정성을 유지하는 사람들은 그렇게 하고 있다. 따라서 직장에서 도전적인 과제를 수행하든, 부업을 하든, 학교로 돌아가 재교육을 받든, 커리어 여정이 계속됨에 따라 자신의 기술과 역량을 점검하고 개발하는 일은 계속되어야 한다.

∷ 유연하게 조종한다

타이어 펑크, 도로 폐쇄, 갑작스러운 허기, 건강 문제 등 어떤 상황에서도 언제 어떻게 차선을 변경해야 하는지 또는 고속도로에서 아예 벗어나야 하는지를 아는 것은 전체 경력 여정에 매우 중요하다.

장기적으로 경력 여정을 탐색할 때에는 산업변화와 직업변화 사이에서의 조종이 필요하다. 이것은 경력 여정의 과정에서 자신의 관심사와 가치관이 변화하는 것은 말할 것도 없고, 성취감을 유지하는 것과 이유를 알지 못한 채 정체감을 느끼게 되는 것 사이의 차이를 의미할 수 있다.

결국 10년 후의 직업은 아직 존재하지 않을 수 있다. 이것은 마치 10년 후에는 원하는 직업이 존재하지 않을 수도 있는 것과 같다. 마찬가지로 10년 후에 원한다고 생각하는 직업이 그때 가서 원하는 직업이 아닐 수도 있다. 그리고 서로 다른 경로는 서로 다른 기술, 지식, 네트워크 및 자격증명에 서로 다른 강조점을 두게 된다. (20페이지 분량의 학술 출판물로 채워진 이력서를 업계 작업을 위해 1페이지 분량의 이력서로 줄여야 하는 학자들에게 물어보라. 진로 변경은 쉽지 않다.)

열쇠는 도로의 패턴을 인식하고 그 주변을 유연하게 조종하는 것이다. 극복해야 할 한 가지 핵심 문제는 적절한 경력을 쌓아가기 위해서는 관련 경험이 필요하다는 것이다. 이것은 오래된 "닭이 먼저냐 달걀이 먼저냐."의 문제이다. 나이나 경력 단계에 관계없이 검증되지 않은 사람에게 기꺼이 기회를 주는 사람은 거의 없다. 경력 초기에 그러한 닭이 먼저냐 달걀이 먼저냐의 문제는 종종 소매영업 경력만 있지만, 고용주에게 마케팅 업무를 수행할 수 있는 기회를 달라고 설득하는 것을 의미한다. 이것은 경력 후반기에 이직하고자 하는 사람들은 수십 년의 경력에도 불구하고, 자격과잉이거나 고용비용이 많이 들지만 해당 직무에서의 적절한 업무경험을 갖추지 못한 것으로 분류될 수 있다는 것을 의미한다. 일반적으로 업종과 직무를 동시에 바꾸는 것(예: 제약회사의 영업 직무에서 보험회사의 인적자원관리 직무로의 전환)은 새로운 고용주에게 당신의 배경 경험과 지식이 부족한 것으로 비추어지기 때문에 어렵다. 하지만 업종이나 직무 중 하나를 변경하는 것은 여전히 어렵지만 실행 불가능하지는 않다. 따라서 무엇을 변경하고자 하는지 세심히 살피도록 하라. 신입교육, 대학원 또는 '리턴십'(경력을 중단한 사람들을 위한 프로그램)이 도움이 될 수 있지만 얼마나 제대로 잘 전환하는가 하는 것은 계획을 얼마나 잘 세우느냐에 달려 있다. 아직 잘 모르겠으면 원하는 프로그램의 수료생이 과정 수료 이후 무엇을 하는지 분석하고 온라인 검색하라. 그들이 당신이 계획한 일을 하고 있다면 당신은 올바른 길을 가고 있는 것이다. 그렇지 않은 경우에는 보다 범위를 넓혀서 탐색해 보라.

또 다른 핵심 패턴은 "믿고자 하면 직접 해봐야 한다."는 오래된 속담이다. 사실이다. 어떤 아이스크림 맛이 마음에 드는지 알아내는 가장 좋은 방법은 옵션 검토에 많은 시간을 할애하는 것이 아니라, 직접 먹어보는 것이다. 커리어를 시작했지만 아직 계속할 것인지 의사결정하지 못했거나, 아직 커리어를 시작하지 않아 분석과 검토가 어렵다면 직접 시도해 보라. 지도 앱은 우리가 직접 이동을 시작하기 전에는 우리가 북쪽을 향하고 있는지 남쪽을 향하고 있는지 파악하지 못한다. 마찬가지로 방향을 찾는 핵심은 가만히 서 있는 것이 아니라 어떤 방향으로든 움직이는 것이다. 그러니 움직여서 더 많은 정보를 수집하라. 흥미를 느끼는 사람에게 소개를 요청하라. 일상에서 벗어나는 프로젝트에 자원봉사하고, 부업으로 할 수 있는 일을 고려해 보라. 최악의 경우 당신은 자신이 무엇을 싫어하는지 알게 될 것이다. 그리고 여정에 적합하거나 목표에 더 가까워지는 데 도움이 되는 다른 경로를 발견할 수도 있다.

박사학위에서 부동산투자자로 변신했던 리차드 챙Richard Zhang은 자신의 3단계 경력 여정에 대해서 나에게 말한 적이 있다. 첫 번째 단계는 성공에 대한 부모님의 희망에 따르는 것이었다. 그것은 대학원 박사 학위였다. 두 번째는 성공에 대한 사회의 일반적 정의에 부응하는 것이었다. 그래서 그는 학계를 떠나 자신의 연구와 관련이 없지만 부동산업에 뛰어들었다. 세 번째 단계는 성공에 대한 자기 스스로의 정의에 따라 생활하는 것이었다. 여기에는 직장을 그만두고, 운동하고, 건강한 식단을 섭취하고, 그가 진정으로 좋아하는 분야에서 일하는 것이 포함되었다.

삶의 의미를 찾는 투자은행가, 행복을 찾는 소프트웨어 엔지니어, 방향을 찾는 대학생, 삶의 다음 단계를 준비하는 슈 페퍼는 말할 것도 없이, 우리 모두는 자기 스스로의 정의에 따라 살아가는 경력 여정 위에 있다. 우리는 자신의 경력이 나아갈 경로를 항상 알 수는 없다. 또한 경력 여정의 일부가 끝나는 시점을 스스로 통제하지 못할 수도 있다. 그러나 모든 단계에서 성찰, 계획, 여행가방 꾸리기, 조종은 거리나 목적지에 관계없이 경력 여정을 즐기는 데 도움이 될 것이다.

고릭 응 Gorick Ng: 『The Unspoken Rules: Secrets to Start Your Career Off Right』(Harvard Business Review Press, 2021)의 작가. Harvard의 진로 상담가로서 1세대 대학생 및 전문가 코칭을 전문으로 한다. New York Times, CNBC, Today Show 등에 출연했으며 Thinkers 50에서 주목해야 할 상위 30명의 사상가 중 한 명으로 선정되었다.

10. 갑작스러운 실직, 이렇게 치유하라

- 이미 벌어진 일이라면 자신의 감정을 억누르지 말라. 슬퍼할 수 있도록 자신을 열어 두고, 몸과 마음을 다시 온전하게 만드는 데 집중하라. 지금이 인생에서 가장 힘든 시기 중 하나라는 사실을 인식하고 자신에게 관대해질 필요가 있다.
- 건강하고 생산적인 다음 단계로 나아갈 능력을 회복할 수 있도록 다른 사람의 도움을 청하도록 하라.
- 낙관주의와 결국 해낼 수 있다는 자신감을 유지하라. 감정적 자제 모드가 아니라 문제해결 모드로 전환하라.
- 관점을 바꾸고 열린 마음을 유지하라. 미래의 가능성과 이상적인 자아상에 초점을 맞추면 평정, 통제력, 자신감을 회복할 수 있다.

마이크Mike는 20년 이상 성공적인 임원으로서 문제 부서를 효율적이고 품질 중심의 비즈니스 라인으로 전환해 왔다. 그런데 그가 새로운 조직을 맡았을 때, 조직에 비전의 변화와 속임수, 불신, 배신이 팽배해 있음을 목격했다. 마이크는 자신의 서비스가 더 이상 필요하지 않다는 해고 통보를 받을 때까지 안전 및 품질 기준을 손상시키는 비용 절감에 반대했다.

불행히도 마이크의 경험은 독특한 것이 아니다. 해고되거나 계약종료를 통보받을 때, 또는 선택의 여지가 없다고 느끼고 스스로 사임할 때(예를 들어 연루되고 싶지 않은 조직의 윤리 위반사항을 목격한 경우) 갑작스러운 실직이 발생할 수 있다. 회사에서 조기퇴직을 요구받거나 지쳐서 스스로 퇴사하거나, 전배 조치될 수도 있다.

이유가 무엇이든 갑작스러운 실직은 충격적일 수 있다. 마이크는 성공을 위해 열심히 노력했고, 조직에 수십 년의 경력을 바쳤다. 그는 슬픔으로 가슴이 찢어질 듯 아팠고 분노, 배신감, 고립감, 수치심, 절망감을 맛봐야 했다.

그러한 감정은 강렬하고 다루기 힘들며 심지어는 통제하기 어려울 수 있다. 특히 일정 수준의 지위나 소득 수준에 도달했을 때, 가정의 재정적 책임을 지고 있을 때, 일이 자신의 도덕적 가치와 상충할 때, 또는 다시 시작하는 것이 불가능한 나이 또는 경력 단계에 도달한 것처럼 생각될 때 그런 느낌은 더욱 강하다. 또한 이러한 강요된 전환은 일상을 방해하고, 건강하지 못한 대처 습관을 유발하고, 가족, 친구 및 배우자와의 관계에 상당한 부담을 준다.

고통 속에서 정신을 차리고 건강하고 생산적인 다음 단계 삶을 살아가는 능력을 되찾을 수 있도록 다른 사람의 도움을 청하는 것이 중요하다. 이 과정을 통해 자신의 온전함을 유지하고, 삶의 목적을 되찾고, 무엇보다도 스스로를 치유하는 데 도움이 되는 다음 몇 가지 팁을 고려하라.

::: 자기 연민을 실천한다

갑작스러운 실직 후 자신에 대한 성찰에만 집중하면 수치심이나 죄책감을 느낄 수 있다. 당신은 자신을 공격하고 미심쩍어 할 수 있다. 내가 이런 일을 할 자격이 있었는가? 해고를 피하기 위해 내가 무엇을 할 수 있었는가?

그러나 지금은 다른 어느 때보다 자기 연민을 실천할 때이다. 첫째, 지금이 인생에서 가장 힘든 시기 중 하나라는 사실을 인식하고 자신에게 더욱 관대해질 필요가 있다. 그런 다음 직장 밖에서 사랑하는 사람들과 다시 연결하고 관계를 맺는데 두 배로 노력하라. 그들과 좋은 시간을 보내면서 기분을 밝게 하고 긴장을 완화하며 다른 사람들과의 연결 감각을 유지하라. 용감하게 자신의 감정과 상처를 다른 사람과 공유하고 그들의 도움과 지원을 받아들이도록 한다.

::: 자신의 미충족 욕구를 주목한다

　신경과학자 데이비드 락David Rock의 스카프SCARF 모델을 프레임워크로 사용해 보면 실직은 그 이유 여하에 관계없이 인간의 다섯가지 사회적 차원 모두에 위배되는 것이다. 여기에는 지위status(자신의 상대적 중요성), 확실성certainty(미래를 예측할 수 있는 능력), 자율성autonomy(감정, 사건에 대한 통제력), 연계성relatedness(타인과의 안전성), 공정성fairness(정의)이 포함된다.

　많은 사람들에게 실직은 스트레스가 가장 많고 고통스러운 사건 중 하나이다. 이것이 당신에게 벌어진 일이라면 자신의 감정을 억누르지 말라. 슬퍼할 수 있도록 열어 두고, 무엇을 치유해야 하는지 생각할 시간을 충분히 주라. 몸과 마음을 다시 온전하게 만드는 데 집중하라.

　무엇을 잃었다고 생각하는지, 앞으로 나아가기 위해 필요한 것이 무엇인지 간략하게 정리하는 일기를 작성해 보라. 그런 다음 감사하거나 기대되는 사람과 경험 목록을 추가한다. 그렇게 하면 상실감과 불확실성에서 통제력과 추진력으로 정신적 초점을 전환하는 데 도움이 될 것이다.

∷ 자신이 통제할 수 있는 것에 집중한다

　감성지능을 사용하여 현재 상황에 대한 과잉 또는 과소 반응을 조절하고, 자신이 통제할 수 있는 것에 집중한다. 왜 그런 일이 일어났는지에 대한 설명을 찾는 것은 도움이 되지 않는다. 왜냐하면 그것은 당신을 과거에 얽매이게 하고, 앞으로 나아가는 추진력을 약화시키기 때문이다. 잔인한 현실을 인정하면서 어느 정도의 낙관주의와 결국 해낼 것이라는 자신감을 유지하라. 이것은 감정적 자제 모드가 아닌 문제 해결 모드로 전환할 수 있도록 한다. 이것은 놓아주고 계속 나아가는 열쇠이다.

　관심 있는 조직에서 자원봉사를 하는 것과 같이 자신의 기술과 능력을 사용하는 일을 함으로써 처음에는 작은 단계를 밟으라. 자신감을 되찾고 의미 있는 일에 기여하며 스트레스 수준을 줄이는 데 도움이 된다. 통제할 수 없는 것을 받아들이고 앞으로 나아갈 준비를 하라. 요청하지 않았더라도 변화를 받아들이고 그로부터 배우라. 새로운 가능성이나 기회에 본능적으로 저항함으로써 스스로 장애물이 되지 말라. 그보다는 이러한 기회를 이용하여 실직한 직장에서 배운 긍정적인 교훈을 스스로 돌아보라.

　당신이 그런 식으로 앞으로 나아가기로 결정했다면 이것은 다음 취업면접에서 매우 귀중하다. 이전 직장에 대해 분노하고 다시 한 번 거절당할까 두려워하면서 채용 담당자 또는 고용 관리자에게 행복한 표정을 짓는 것은 쉽지 않은 일이다. 인터뷰 결과를 통제할 수는 없겠지만, 이전 직장에서 얻은 교훈을 다음 인터뷰를 위한 유용한 답변을 개발하는 동기로 사용할 수 있다. 이것은 자신감을 회복하고 의미 있는 일에 대한 감각을 키우며 스트레스 수준을 낮추는 데 도움이 될 것이다.

∷ 관점을 바꾸고 열린 마음을 유지한다

미래의 가능성과 이상적인 자아에 대한 비전에 초점을 맞추면 점차 감정적 반응이 슬픔과 상실에서 평정, 통제, 자신감으로 바뀔 것이다. 충격과 슬픔에서 새로운 가능성에 대한 희망으로 전환하려면 시간, 노력, 의도가 필요함을 인식하라. 강요된 전환을 선물로 사용하라.

::: 나는 은퇴한 것인가?
아니면 구직시장으로 복귀한 것인가?

기업 구조조정으로 인해 은퇴 계획이 예기치 않게 당겨진 경우 아마도 다음과 같은 꽤 커다란 질문과 씨름하게 될 것이다. "나는 지금 은퇴한 것인가? 구직시장으로 복귀한 것인가? 그렇지 않다면 앞으로 어떻게 될까?"

은퇴 상태를 유지할지, 아니면 새로운 직업 기회를 모색할지 고민이 되면, 의사결정에 도움이 되는 다음과 같은 질문을 해보라.

- 하루를 어떻게 지내고 싶은가? 일이 당신의 삶에 적합하다고 생각하는가?
- 원하는 라이프스타일을 위해 재정적으로 필요한 것은 무엇인가?
- 자신의 기술과 재능을 누구에게 봉사하고 돕고 싶은가? 어떻게?
- 인생의 다음 단계에서 무엇을 배우고 싶은가?
- 최고의 기분을 느끼기 위해서 삶이나 직장에서 무엇을 원하고 필요로 하는가?

앞으로 나아가고 다음 단계를 탐색하기 시작할 때 '징검다리'

직업을 가질 수 있다고 마음을 열어두라. 아마도 당신은 이것을 연봉 삭감이나 좌절과 실패로 보지 않고, 원하지 않는 분야에서 벗어나 성장할 수 있는 기회로 취급할 수 있다. 갑작스러운 실직은 부인할 수 없이 고통스럽고 스트레스가 많은 시기가 되겠지만, 이 시간을 사용하여 원하는 삶의 방식을 재설정하고, 중심을 되찾고, 재정의할 수 있다.

당신이 조직에서 어떤 역할을 맡고 있다면, 당신의 직업이 당신을 정의하는 것은 아니라는 사실을 놓치기 쉽다. 업무에 몰두하고 있는 경우 더더욱 그렇다. 당신의 일과 목적을 분리할 수 있다면, 직업은 단지 직업일 뿐이고, 당신의 목적은 당신 안에 있다는 것을 알게 된다. 또한 당신 역시 시간이 지남에 따라 적응하고, 변화하고, 성숙한다는 것을 알게 될 것이다. 경제학자 우메르 하크Umair Haque는 이렇게 썼다. "목적은 상태가 아니라 과정이다. 알고리즘이 아니라 영원히 끝나지 않는 성취이다." 다음 단계에서 무엇을 하고 싶은지 뿐만 아니라 누구와 함께 봉사하고 싶은지 시간을 갖고 생각해 보라.

마이크는 갑작스러운 실직 후 자신이 인생에서 진정으로 추구하는 것이 무엇인지, 누구에게 봉사하고 싶은지, 자신의 경력이 자신의 목적과 어떻게 일치하는지 재평가하는 데 시간을 사용했다. 그는 오랫동안 가르치는 일을 꿈꿨고 지역 대학에서 부교수자리를 찾았다. 월급은 줄었지만 삶의 온전함은 훨씬 증가했다. 1년 후 마이크는 정규직으로 채용되었고, 그로부터 3년 후에는 올해의 교수로 선정되었다.

실비아나 팰콘 Silviana Falcon: 플로리다 남부대학 바니바넷 경영대학원 조교수. 『Lectures and Play: A Practical and Fun Guide to Create Extraordinary Higher Education Classroom Experiences』의 저자
칸디 빈스 Kandi Wiens: 펜실베니아대학 교육대학원 선임 연구원 및 의학 석사 과정과 보건직업 교육인증 프로그램 공동 책임자. 다양한 Wharton 경영자 교육 프로그램과 PennCLO 경영자 박사 과정에서 광범위한 강의 경험을 가지고 있으며 경영자 코치이자 연사이다. 2024년 『Burnout Immunity』가 출간될 예정이다.

* hbr.org 2022. 7. 15. 기사를 일부 수정 재수록

11. 코치, 컨설턴트

- 경력 전환에는 항상 어느 정도의 어려움이 따른다. 계획과 준비에 보다 많은 시간을 투자할수록 보다 좋은 결과를 얻을 수 있다.
- 전문영역의 경험과 지식 외에 사업가적 능력이 필요하다. 재무관리, 마케팅 및 프리젠테이션, 소셜미디어와 같은 필요한 기술을 강화하라.
- 기존 동료와 고객이 당신의 초기 고객이 될 수 있다. 이들에게 당신의 은퇴 후 계획을 미리 알리고 지원을 요청하라.
- 마케팅 목표를 인식하라. 목표 고객에게 당신의 비즈니스를 알릴 수 있도록 하라. 하나 이상의 소셜미디어 채널에 당신의 존재가 노출될 수 있도록 준비하라.
- 경쟁은 치열하지만 단계를 밟아가면 만족스러운 컨설팅 벤처의 토대를 마련할 수 있다. 서두르지 말고 천천히 시작하고 지속적으로 나아가라.

대다수의 고위 전문가들은 은퇴하고 싶어 하지 않는다. 그들에게는 계속하고 싶은, 흥미롭고 성취감을 주는 일이 있다. 다만 정신없이 돌아가는 일의 속도를 늦추고 싶을 뿐이다. 그래서 많은 사람들은 유연한 근무시간, 상대적으로 높은 수입, 업무의 위치적 독립성에 매력을 느껴 '공식적인' 경력에서 은퇴한 후 컨설턴트나 코치로서 활동하는 것에 흥미를 느낀다. 물론 경쟁은 치열해지고 있다. 2020년 연구는 전 세계적으로 71,000명 이상의 전문 코치가 있다고 추정했으며, 영국신문인 인디펜던트는 경영 컨설턴트의 수를 50만 명으로 확정했다. 북미 코치의 대다수가 베이비붐 세대라는 점을 감안할 때 고위 전문가 동료로 가득 찬 혼잡한 현장에서 어떻게 자신을 차별화할 수 있을 것인가? 은퇴 후 컨설턴트나 코치가 되고 싶다면 명심해야 할 다섯 가지 사항이 있다.

::: 충분한 활주로를 마련한다

경력 전환은 어느 정도 어려움이 따른다. 계획하고 준비하는 데 보다 많은 시간을 투자할수록 보다 좋은 결과를 얻을 수 있다. (1~2년을 미리 준비하는 것이 필요하고, 3~4년의 기간을 준비한다면 더 좋다.) 엔지니어링회사의 전략 및 개발 책임자인 알버트 디 버나르도Albert DiBernardo는 연간 성과 평가 미팅에서 이사회에 3년 후에 은퇴할 계획이라고 구체적인 날짜를 선언했다. "새로운 시작은 그 순간에 던져졌고 기분이 아주 좋았습니다."라고 그는 말했다.

어떤 사람들은 레임덕의 발생을 우려하지만, 회사에는 승계 계획을 위한 충분한 시간을 제공하고, 개인적으로는 사려 깊은 출발을 하고 박수칠 때 떠날 수 있다. 아직 동료들에게 자신의 계획을 미리 알리고 싶지 않더라도 자신만의 내부 시간표를 작성하면 은퇴 그리고 새로운 경력에 수반될 수 있는 재무 및 생활상의 변화(이사, 주택 매각 등)를 미리 계획할 수 있다.

∷ 자신이 가진 기술과 역량을 분석한다

오랜 커리어를 통해서 당신은 아마도 해당 분야의 전문가가 되었을 것이다. 그러나 독립적인 코치나 컨설턴트가 되려면 전문영역의 지식 외에 일련의 사업가적 능력이 필요하다. 충분한 계획의 지평을 마련했다면 대중연설 및 소셜미디어와 같은 필요한 기술을 강화할 필요가 있다. 자격 취득(이것이 가치 있는지에 대한 논쟁이 격렬하지만) 또는 지식을 가속화하기 위해 목표 강좌를 수강할 수도 있다. 그것은 대학의 경영자 교육과정일 수도 있고, 다양한 영역에서 전문가가 직접 제공하는 교육과정 혹은 온라인 강좌일 수도 있다.

::: 고객 확보를 시작한다

로고 색상과 같은 비즈니스의 세부 관리사항에 대하여 망설이며 처음부터 시간을 낭비하는 야심에 찬 코치와 컨설턴트가 많다. 그러나 실제 고객을 얻기 전까지는 가망고객을 모집하는 것이 최우선 과제가 되어야 한다. 코치나 컨설턴트로서의 경험을 쌓으려면 재직 중 몇 명의 고객을 대상으로 무료 서비스를 제공하고 고객 평가 및 향후 추천(좋은 경험이라고 가정하는 경우)을 대가로 얻는 것이 좋다. 노련한 전문가로서 당신은 젊은 동료들이 갖지 못하는 이점을 가질 수 있다. 이들은 당신의 고객이 될 수 있는 리더들을 포함하여 당신이 수십 년 동안 구축한 네트워크이다.

코칭을 위한 지름길은 없다

상당수 경영자들은 아직 컨설팅이나 코칭을 위한 역량이 미흡하다고 생각되는 경우, 지적인 도전을 추구하고 사회 환원을 모색하면서 교육과정을 수강하기도 한다. 거의 10여 년 동안 나는 듀크대학 후쿠아비즈니스스쿨, 컬럼비아대학, 그리고 브라질, 러시아, 카자흐스탄, 프랑스, 스페인 등의 주요한 비즈니스스쿨에서 경영자를 대상으로 가르쳤다. 다음은 은퇴 후 목표가 파트타임이든 풀타임이든 관계없이 비즈니스 전문가가 교수 강사 자리를 잡기 위해 따라할 수 있는 3가지 전략이다.

1. 잠재 고객을 식별한다

다른 구직자과 마찬가지로 내부의 누군가가 당신을 보증할 수 있다면 당신이 주목받을 가능성은 훨씬 더 커진다. 일자리를 얻고자 하는 대학의 담당자와 네트워크를 시도한다. (링크드인이 도움이 될 수 있다.) 아무런 네트워크가 없다면 지인을 통한 간접적 연결도 유용하다.

2. 프레젠테이션을 준비한다

누구와 만날지 정했다면 짧은 자기소개문을 준비해야 한다. 이때 과다한 정보로 압도하지 않도록 해야 한다. 2문장 정도가 좋다. 그래야 당신의 메시지를 "나중에 읽어 보겠습니다."라고 하면서 서류함에 처박아 두지 않는다.

첫 번째 문단에는 당신이 해당 프로그램에서 적합한 좋은 강사임을 보여주는 짧은 약력이 포함되어야 한다. 학력이나 자격증도 필요하지만 가장 먼저 중요한 것은 관련 전문지식이다. 회사 내부 워크숍, 컨퍼런스 발표 등 이전의 강의 경험을 포함하는 것도 유용하다.

두 번째 문단에는 어떤 종류의 강좌나 프로그램을 가르칠 수 있는지에 대한 아이디어를 제시해야 한다. 유관 강좌 목록을 검색하여 현재 제공되고 있는 강좌의 내용들을 파악할 수 있다. 당신이 가르칠 수 있는 기존 과정과 새롭게 제공할 수 있는 과정을 혼합하여 제안할 수 있다.

3. 이력서, 강의계획서를 작성한다

긍정적인 답변을 받으면 담당자는 미팅 전에 2가지 항목을 함께 보내도록 요청할 것이다. 첫번째 항목인 상세 자기소개서Curriculum Vitae, CV는 학계에서 널리 사용되는 형식이며 이력서resume와 유사하지만 훨씬 더

> 상세하다. 담당자가 요청할 가능성이 있는 두 번째 항목은 신규 강좌인 경우 가르치겠다고 제안하는 과정의 강의계획서이다. 무엇보다도 다루는 주제와 강의 진행 순서를 기재해야 한다.
> 대학, 대학원, 기업교육에서의 강의는 보람 있는 경험이 될 것이며, 새로운 도전을 하고 어렵게 얻은 지식을 공유하며 가치 있는 새로운 일을 얻을 수 있는 기회가 될 것이다.

기존 고객이 당신의 초기 고객이 될 수 있으므로, 이들에게 당신의 은퇴 후 계획을 알리는 것이 좋다. 교육 분야 비영리단체의 전직 대표이자 나의 책 『자신을 재창조하라Reinventing You』에 소개된 록산 크라이테Roxann Kriete는 은퇴하면서, 새롭게 시작하는 컨설팅 사업에 대한 마케팅을 전혀 하지 않았다. 마찬가지로 디버나르도는 강력한 영업활동이 아니라, 자신의 재능을 높이 평가하는 오랜 동료들에게 자신의 계획을 공유함으로써 미래의 고객을 확보하기 시작했다. "상대적으로 고위 전문가들이 저의 코칭을 받겠다고 했습니다."라고 그는 말한다. "그들은 저도 모르는 사이에 내가 이미 오랫동안 코칭을 수행하고 있었다고 말해 줍니다."

::: 마케팅 활동을 준비한다

수행하려는 컨설팅 사업의 규모에 따라 자신을 마케팅할 필요가 없을 수도 있다. 기존 네트워크를 통해 원하는 모든 일을 확보할 수도 있다. 그러나 그 이상으로 확장하고 싶거나 확장해야 하는 경우 적절한 고객에게 집중하고 있는지 점검하라. 일부 전문가는 명함 디자인이나 슬로건을 어떻게 할 것인지와 같은 외부적인 이미지에 막대한 시간을 소비한다. 하지만 실제로 모든 컨설턴트나 코치에게 이러한 활동이 반드시 필요한 것은 아니다.

마케팅 목표를 인식하라. 잠재고객이 당신을 확인하고자 할 때 제공할 수 있는 신뢰성의 기준을 설정하라. 당신의 비즈니스에 대한 적정 수준의 정보가 온라인상에서 제공될 수 있도록 최소한 하나 이상의 소셜미디어 채널에 당신의 존재가 노출될 수 있도록 전문성을 담고 있는 웹사이트를 만드는 데 집중하라. 예를 들어 링크드인 또는 블로그를 작성할 수 있다.

::: 서두르지 말고 천천히 시작한다

코칭이나 컨설팅을 시작하는 것은 모든 것을 혼자서 해결해야 한다는 압박감으로 인해 부담스럽게 느껴질 수 있다. 천천히 시작하라. 대부분의 전문가들은 은퇴 후 새로운 커리어에 즉각적으로 뛰어드는 것을 원하지 않는다. 메릴린치 조사 응답자의 52%는 공식 은퇴 후 일정 기간 안식년을 갖는다고 대답했다. 공식적으로 일하지 않는 기간 동안에도, 역량을 보완하고 미래의 고객을 라인업하는 등의 활동을 소박하게 준비할 수 있다.

컨설팅을 시작하면서 다양한 선택 대안으로 인해 주의가 산만해지기 쉽다. 당신이 추구할 수 있는 다양한 비즈니스 구축 활동이 있을 수 있다. 하지만 무엇보다 중요한 사항을 올바르게 파악하는 것에 집중하라. 고객에게 어떤 기술을 제공할 수 있는지 파악하고 네트워크를 활용하여 고객을 확보하라. 그리고 강력한 비즈니스를 구축하거나 몇 가지 프로젝트에 지속적으로 참여하라.

컨설팅 및 코칭은 은퇴한 전문가에게 이상적인 두 번째 직업이다. 경쟁은 치열하지만 이러한 단계를 밟아가면 평생 동안 수행할 수 있는 만족스러운 컨설팅 벤처의 토대를 마련할 수 있을 것이다.

도리 클라크 Dorie Clark: 듀크대학 푸쿠아경영대학원에서 마케팅 전략을 가르친다. <Thinkers 50>에서 세계 50대 비즈니스 사상가 중 한 명으로 선정되었다. 최신 저서로 『The Long Game: Howf to Be a Long-Term Thinker in a Short-Term World』(Harvard Business Review Press, 2021)가 있다.

* hbr.org 2017. 5. 12. 기사를 일부 수정 재수록

12. 사외이사

- 기업은 조직 구성원이나 고객들을 보다 잘 대변하기 위해 다양한 문화 및 업무 배경을 가진 사외이사를 필요로 한다.
- 경험이 풍부한 동료와 지인에게 조언을 구하고, 사외이사가 되고자 하는 자신의 열망, 포부 및 잠재력을 표현하라.
- 기업의 임원급 출신들이 보유한 경험과 역량이 사외이사에게 필요한 능력을 항상 만족시키는 것은 아니다. 사외이사에게는 재무, 전략, 관계, 역할 및 문화의 5가지 역량이 요구된다. 부족한 역량을 보완하라.

기업의 이사회는 조직의 구성원이나 고객들을 보다 잘 대변하기 위해 다양한 문화 및 업무 배경을 가진 임원을 필요로 한다. 그리고 소수자 그룹을 포함하여 구성원을 다양화해야 한다는 압력을 받고 있다. 동시에 이사회 운영에 대한 기대 수준이 그 어느 때보다 높아졌다. 이사회 구성원에게는 보다 복잡한 비즈니스를 이해하고, 기술적 노하우를 입증하고, 효과적인 거버넌스를 제공하고, 지속가능한 장기적 성과를 창출하는 능력을 갖출 것이 요구된다.

사외이사 참여를 원하는 리더는 성공적 역할 수행을 위해 어떤 준비를 해야 하는가? 한편으로 기업의 임원급 출신이 보유한 역량이 사외이사로서 필요한 능력을 항상 만족시키는 것은 아니다. 사외이사는 비즈니스 운영에 대한 권한과 권력을 사용할 수 없기 때문이다. 아마도 사외이사 후보자들에게 이것은 나쁜(하지만 끔찍하지는 않은) 소식일 것이다. 사외이사는 자신의 역할에 필요한 올바른 역량을 개발하기 위해 노력해야 한다. 한편 남성과 다수 인종이 우세한 최고경영진에 오르지 못했거나 올라갈 수 없었던 소수자 그룹의 사외이사 후보자들에게는 의심할 여지없이 희소식이다. 물론 이들도 열심히 노력해야 더 수준 높은 경기장에서 활동할 수 있다.

덴마크 출신의 전직 투자은행가이자 뱅커스 인베스트먼트 트러스트The Bankers Investment Trust PLC 및 랭 오루크Laing O'Rourke 의 사외이사이며, 3개의 국제기업에서 이사회 의장을 역임한 샬롯 발레리Charlotte Valeur는 이렇게 말한다. "소수자 그룹 출신이 이사회에서 참여하기 위해서는 자신감을 키우고 이사회 자본을 구축하는 노력이 필요합니다. 하지만 이것이 그리 어려운 일만은 아닙니다."

우리는 무엇이 이사들을 성공으로 이끄는지 보다 깊이 이해하기 위해 우리는 세계 유수의 기업을 대표하는 50명 이상의 이사들과 인터뷰를 진행했다. 우리는 이사회 자본이 재무, 전략, 관계, 역할 및 문화라는 5가지 유형의 지능을 기반한다는 것을 발견했다. 이러한 범주가 놀라운 것은 아니지만, 각 항목에 대하여 필요한 이유를 이해하고 각 영역에서 역량을 개선하는 방법을 생각하는 것이 중요하다.

::: 사외이사에게 요구되는 다섯 가지 역량

재무

말이 아니라 숫자로 이야기할 수 있는가? 이사는 회사의 자본구조, 재무구조, 현금 흐름의 지속가능성 또는 위험 수준에 대한 정보에 입각한 의견을 신속하게 도출하지 못하면 사외이사로서의 의무를 수행하기 어렵다. 이러한 기본적인 지식은 감사 관련 스캔들과 규제기관의 감시가 강화되면서 더욱 중요해졌다. 그러나 이 역량이 반드시 CFO였다거나 감사를 수행해 본 경험을 요구하는 것이 아니다. 바클레이사의 이사회 선임 사외이사이자 다른 공공부문 및 민간조직의 이사회 의장인 크로포드 길리스Crawford Gillies는 "회계의 기술적 측면을 말하는 것이 아닙니다. 중요한 것은 손익계산서를 해석하고 이를 활용하여 비즈니스 진행 상황을 이해하는 능력입니다. 물론 회계 교과서를 다시 공부할 수도 있습니다. 그러나 보다 중요한 것은 CFO의 말을 주의 깊게 듣고, 현명한 질문을 하고, 대차대조표에 대해 충분히 알고 있음을 보여주는 것입니다."라고 말한다.

전략

재무에 능통하다는 것은 요구사항의 한 가지일 뿐이다. 그런 다음 그것들을 전략으로 번역할 수 있어야 한다. 로열더치쉘의 전략 부문 부사장, 롤스로이스의 비상임 이사, 배드콕 이사회 의장, ABF의 사외이사로 있는 루스 케니Ruth Cairnie는 사외이사들이 갖추어야 하는 사고방식을 다음과 같이 요약한다. "산업 트렌드와 외부 환경을 충분히 파악하고 있는가? 경쟁업체 대비 포지셔닝 및 경쟁우위에 대해 정직한가? 전략과 재무계획 사이에 신뢰할 수 있는 연결고리가 있는가?"

재무지표를 확인한 후에는 회계적 숫자를 넘어서서 향후 전사적 전략방향을 이야기할 수 있어야 한다. ESG(환경, 사회, 거버넌스)

문제는 이제 기업의 최우선 순위가 되고 있으며 모든 이사회 지원자가 갖추어야 하는 지식영역이다. 연구조사를 통해 우리는 사외이사들이 기업으로 하여금 지속가능한 가치를 이해하고, 표현하고, 측정하도록 압력을 가하는 네 가지 방법을 확인했다.

- **자본 시장**(금융시장)
- **경험**(직원 및 고객 가치 제안)
- **상호 호혜성**(누구와 어떻게 비즈니스를 하는지)
- **구체성**(제공하겠다고 말한 것을 제공하는지)

이사회는 조셉 바우어Joseph Bower와 린 페인Lynn Paine이 이야기하는 것처럼 단기적 가치 실현을 넘어서는 책임을 져야 한다. 또한 새로운 비즈니스 모델과 진화하는 부문별 전략(최근 몇 가지 예를 들자면 서비스, 소프트웨어, 기술 또는 디지털)에 익숙해야 하며 급속한 변화 속도에 익숙해져야 한다. 영국의 가디언미디어그룹과 같은 회사들은 13주마다 전략계획을 변경할 수 있다고 자랑한다. 버버리, 캠펠, FICO, FINRA 등에서 사외이사 역할을 수행하고 있는 파비올라 아르돈도Fabiola Arredondo는 이렇게 말한다. "저는 이사회가 각 이사회 회의에 전략적 토론을 원활하게 진행하고 1년에 한두 번 심층 분석을 하는 것에 익숙합니다."

관계

이사회의 구성원이 되려면 한 걸음 뒤로 물러나야 한다. 비상임 이사의 역할은 운영이 아니라, 면밀히 조사하고 격려하고 조언하는 것이다. 각자 경험과 의견이 다른 이사, 최고경영자, 폭넓은 이해관계자들과 성공적인 업무 관계를 구축할 수 있어야 한다. 압박이 심하고 자존심이 높은 이사회 미팅에서의 성공은 다른 사람들과 명확하게 의사소통하는 능력에 달려 있다. 아마도 보다 중요한 것은 사람들이 당신에게 의사소통하고자 하는 내용을 이해하는 것이다.

이상적인 상황은 '국적, 지역, 배경이 서로 다른 사람들이 하나로 협력하여 함께 일하고 즐기는 하나의 큰 팀'이다. 그러나 이것이 항상 현실은 아니라고 발레리는 지적한다.

이사회 관계에는 신중한 관리가 필요하다. 효과적이라는 것은 주의 깊게 경청하고 핵심을 이해하고, 처리하고, 긍정적으로 반응하고, 동료로부터 자신이 미처 생각하지 못했던 제안을 들었을 때 자신의 생각과 대화의 방향을 빠르게 조정하는 것과 관련되어 있다. "소수자 그룹으로 이사회에 참여하는 경우 염두에 두어야 할 한 가지는 단순히 소수자 그룹으로서의 정체성을 드러낸다는 것 자체만으로도 회의실을 혼란에 빠뜨릴 수 있다는 것입니다."라고 그녀는 덧붙인다. 그녀의 조언은 소수 그룹으로서 다양한 목소리를 내야 하지만, 다른 이사회 구성원들의 행동과 의견을 관찰해야 한다는 것이다.

역할

사외이사는 이사회에서의 대화와 토론에 대한 자신의 기여를 명확히 해야 한다. 경험이 많은 한 이사회 참가자는 이렇게 설명한다. "우리는 1년에 8번의 회의를 한다. 그때마다 한번 혹은 운이 좋다면 두 번 정도의 질문 기회를 얻게 된다. 그것은 연간 약 10개의 질문에 해당한다. 따라서 당신은 어떤 질문이 구체적으로 의미 있는 개입이 될 것인지를 깊이 생각해야 한다." 자신이 왜 이사회에 선정되었는지, 어떤 문제에 대해서 가장 큰 가치를 제공할 수 있는지 자문해 봐야 한다. 그러나 사외이사의 어려운 점은 실적이 저조한 어떤 문제를 조사하거나 전략에 이의를 제기하는 첫 번째 질문이 아니라 동일한 질문을 언제 다시 꺼내야 하는지를 아는 것이라고 지적한다.

문화

전직 미국 대통령 수석자문, 전직 기업 고위 임원이었으며, 현재 위어그룹 및 사바나자원의 사외이사이자 멀베니캐피털의 전직 사외이사인 매리 조 조코비Mary Jo Jacobi는 이사회 의장 및 이사의 의무에 대하여 이렇게 말한다. "경영진이 기꺼이 현실을 이야기하고, 문제가 발생하는 경우 이를 인정하고, 문제해결 방안에 대한 이사회의 조언과 지침을 구할 수 있는 환경을 조성해야 합니다. 성공적인 실적을 내고 있으며, 모든 일이 착착 진행되고 있는 것처럼 보이게끔 말하게 만드는 환경을 조성하는 것은 부적절합니다." 모든 사외이사는 이러한 노력을 통해 이사회 의장을 지원할 수 있다. 이러한 수준의 투명성, 신뢰 및 교감은 신중한 준비와 조율, 즉 조직문화를 신속하게 평가하고 이해하는 능력, 그리고 개선이 필요한 경우 지원세력을 확보하고, 변화를 향해 천천히 이끌어 나가기 위한 계획을 개발하는 능력에서 나온다. 루스 케니는 이렇게 경고한다. "저는 매우 유능한 사람들이 모여 있지만 조직 역학과 화학적 결합이 좋지 않아서, 성과를 거두지 못하는 조직을 많이 경험했습니다."

::: 필요한 역량 함양하기

경험이 많은 선배들의 지혜에 따르면, 당신이 사외이사 경력을 시작하기 전에 모든 역량을 갖출 필요는 없다. 그러나 사외이사가 되고자 열망한다면, 가능한 한 빨리 이사회 관련 경험을 쌓기 시작해야 한다. 시작하는 몇 가지 방법은 다음과 같다.

재무

재무제표에 대한 이해를 심화한다. 자산, 투자 및 레버리지가 어떻게 결합하여 현금 흐름을 창출하는지 주의 깊게 관찰한다. 온라인으로 상장기업 실적 발표를 들어 보도록 하라.

전략

기업의 비즈니스모델에 대한 이해를 증진하고, 이것이 전략 및 운영과 어떻게 관련되는지 파악하고, 전략 변경이 가져올 잠재적 위험을 이해한다.

관계

이사회에서 이야기하고 발표할 기회를 찾는다. 사업부 내부 또는 외부 역할에서 잠재적인 의사결정 기회를 찾는다. 전문가라고 생각되는 사람들을 관찰하고 학습한다. 팀 안팎에서 다른 사람들의 성공을 지원한다.

역할

선택한 역할과 가장 큰 가치를 제공할 수 있는 부분에 집중한다. 다양한 회의와 프로젝트에서 이것을 훈련할 수 있다. 일과 상호작용을 모두 잘해내는 사람을 롤모델로서 모방한다.

문화

교차 기능, 교차 산업 및 교차 문화 그룹에 가입하여 다양한 동료 그룹의 문화를 읽고, 어울리고, 개선하는 능력을 기른다.

::: 사외이사 역할모델

어떠한 유형의 사외이사가 되고 싶은지 생각하는 것도 도움이 된다. 연구를 통해 우리는 4가지 접근방식 및 역할모델을 찾았다. (목록이 완전하지는 않지만 이사회 구성원이 다른 시기에 다른 역할을 할 가능성을 포함하여 추가 변형 및 조합이 가능하다.)

경찰(감시)

이사회 이사가 수행해야 하는 점점 중요해지는 규제 역할을 수행한다. 최선은 규제와 관료주의로 경영진을 짓누르지 않으면서 이들이 책임을 갖도록 한다.

데이터 분석가

재무적으로 능수능란하고 유능하다. 목표에 집중하지만 동료 및 경영진과의 상호작용에서 과도한 정보를 요구하고 너무 냉정한 논리로 행동하지는 않는다.

건축가

사외이사 재임 기간 동안 기업이 연속성 있는 확고한 기반을 갖도록 지원한다. 성공적인 사람들은 단기 수익과 장기 신탁 및 관리 책임 간의 섬세한 균형, 구조 및 유연성을 인식한다.

조종사

30,000피트 상공에서 기업의 모든 것을 볼 수 있다. 이들은 가치가 어떻게 생성, 향상, 보호 및 전달되는지 이해하고 설명할 수 있다. 하지만 원활한 이착륙을 보장하기 위해 경계를 늦추지 않아야 한다.

마지막으로 경험이 풍부한 동료와 지인에게 조언을 구하고, 그들에게 사외이사가 되고자 하는 당신의 열망, 포부 및 잠재력을 표현해야 한다. 이력서를 공유할 때 포함되는 내용은 지금까지 사용했던 내용과 달라야 한다. 위에서 언급한 5가지 지능 영역

각각에 대한 보유역량을 요약하여 잠재력을 보여줘야 한다.

앤서니 헤스케스 Anthony Hesketh: 랭카스터대학 경영대학원 선임 교수. 『Human Resources Management and The Mismanagement of Talent』의 공저자이다.
조 셀우드 테일러, 샤론 멀린 Jo Sellwood-Taylor, Sharon Mullen: 인재 채용 및 사외이사 리쿠르팅을 전문으로 하는 국제적인 서치펌인 Mullwood Partnership의 창립 이사진.

* hbr.org 2020. 1. 31. 기사를 일부 수정 재수록

13. 리더를 위한 은퇴 전환 가이드

- 반드시 구체적인 계획일 필요는 없지만, 자신에게 무엇이 중요한지 깊이 생각하고 진출 차선을 미리 계획하라.
- 은퇴후 빈 공간을 채우고자 서두르지 말라. 기회와 제안이 왔을 때 'No'라고 자주, 'Yes'라고 천천히 말하도록 하라.
- 배우자와 가족은 참을성 있게 당신을 기다려 왔다. 은퇴생활을 함께 계획하고 상의하고 함께 즐기도록 하라.
- 후배들에게 지혜를 전수하고 자신의 경험을 활용함으로써 성취감을 얻을 수 있는 멘토링 기회를 탐색하라.
- 경험과 역량을 활용하여 사회 환원하라. 다양한 영역과 방법이 있다. 탐색하고 조사하고 시도하라.

미디어기업 최고경영자인 사이먼Simon은 "다음 단계에서 무엇을 해야 할지 잘 모르겠습니다."라고 고백했다. 사이먼은 15년 동안 최고경영자로 재임했으며, 30세 이전에 이미 CFO(최고재무책임자)였다. 그는 민간 및 공기업을 회생시켰고 매출은 4배, 수익은 5배 증가시켰다. 그러나 최근 회사가 매각되면서 사이먼은 은퇴를 고민하고 있다. 다른 많은 최고경영자 및 리더와 마찬가지로 그는 은퇴를 계획할 수 있는 시간적 여유가 전혀 없었다. 그의 모든 초점이 회사 운영에 머물러 있었기 때문이다.

매년 100명 이상의 최고경영자들이 S&P 1000 기업에서 은퇴한다. 가장 세련된 경영승계 과정에서도 항상 빠져 있는 한 가지가 있다. 그것은 현재의 최고경영자로 하여금 다음 단계 커리어를 준비할 수 있도록 하는 것이다.

UPS의 전임 최고경영자인 스콧 데이비스Scott Davis는 "최고경영자로서의 업무에 너무 집중한 나머지 다음에 무엇을 할지 생각하는 데 시간을 쓸 수 없었습니다."라고 말한다. 존슨앤존슨의 전임 최고경영자인 빌 웰던Bill Weldon은 대부분의 최고경영자들이 우리에게 하는 말을 반복한다. "결과적으로 나는 시속 110마일로 달리던 차선을 벗어나 갑자기 멈추게 되었습니다. 은퇴는 저에게 일종의 블랙홀이었습니다."

평균적으로 최고경영자들은 60대 초반에 사임하는데, 오늘날 기준으로 볼 때 비교적 젊은 나이이다. 이들 중 생계를 위해 일해야 하는 사람은 거의 없다. 하지만 거의 모든 사람들이 무언가 일하기를 원하고 실제로 일하고 있다. 우리는 포춘 500대 기업의 최고경영자 50명이 최고경영자에서 물러나 어떤 커리어를 갖고 있는지 조사했고, 그 중 13명을 인터뷰했다. 이들 중 골프장으로 은퇴한 사람은 한 명도 없다.

다른 조직의 최고경영자 직책을 맡은 사람은 소수에 불과했지만 거의 모든 전직 최고경영자들이 미국 경제와 사회복지에 어떤 형태로든 기여하고 있었다. 포춘지 선정 500대 기업의 전임 최고경영자의 1/4 이상이 사모펀드에 적극적으로 참여하고 있다. 또한 절반 이상이 비영리단체에서 리더십 역할을 맡았으며 거의 모두가 자선단체였다. 그리고 2/3는 사외이사로 활동한다. 상당수 사람들은 강의를 하고 있으며 일부는 책을 저술했다.

은퇴 후 리더는 권력과 명성, 막대한 책임의 상실과 씨름해야 한다. 노드롭 그루먼의 전임 최고경영자인 론 수거Ron Sugar는 "처음 며칠은 엘리베이터 통로에서 바닥으로 떨어진 것 같은 느낌이 듭니다."라고 말했다. 여성 경영자들은 특히 더 힘들어 할 수 있다. 제록스의 전임 최고경영자인 앤 멀케히Anne Mulcahy는 다음과 같이 경고한다. "은퇴 연령이 되면 자녀도 독립하여 집을 나갑니다. 우리 여성들에게 이것은 일종의 이중 은퇴 아닌가요?"

멀케히는 또한 "최고경영자로서 당신에게 도움이 되었던 리더십과 높은 수준의 활력은 은퇴자인 당신에게는 불리하게 작용한다."고 경고한다. 그녀는 "일정으로 가득 찼던 달력을 딛고 일어서는 데에는 시간이 좀 걸렸다. 하지만 오래 걸리지 않았다. 존슨앤존슨 선임임원, 세이브더칠드런 회장, 하버드대학의 객원교수로서 목적과 열정을 주는 일을 찾았다. "나에게는 수입이나 밖으로 드러나는 어떤 명성이 아니라 영향력과 내가 아직은 쓸모 있다는 느낌이 중요했습니다." 라고 말한다.

즉각적인 상실감은 금방 사라진다. 우리가 인터뷰한 거의 모든 최고경영자들은 최고경영자가 된 이후 직장생활에 큰 만족감을 느꼈다. 직장에서의 성취에 깊은 자부심을 느끼면서 동시에 회사의 일정에서 벗어나는 것에서도 안도감을 느꼈다.

최고경영자와 리더는 은퇴 후 자신이 높은 평가를 받는 것에 놀란다. 시티그룹의 전임 회장이자 타임워너의 전임 회장 겸 최고경영자를 역임한 딕 파슨스Dick Parsons는 "당신은 실제로 자신이 얼마나 많은 기여해 왔는지 알고는 스스로 놀랍니다. 하지만 곧 깨닫게 됩니다. 저도 그런 경험이 있으니 제가 도와드릴 수 있습니다."라고 말한다.

PIMCO의 전임 최고경영자인 더그 호지Doug Hodge는 "기회가 얼마나 빨리 찾아왔는지 놀라웠습니다. 은퇴한 지 몇 주 만에 사외이사로 합류할 기회를 얻었고 핀테크 회사에서 적극적인 역할을 해 달라는 벤처캐피탈리스트의 흥미진진한 제안을 받았습니다. 저는 리부팅했습니다."라고 말한다.

그렇다면 리더는 은퇴 후 어떻게 일어서서 성취감을 찾을 수 있을 것인가? 사이먼과 같이 대부분의 최고경영자는 회사를 운영하는 동안 은퇴를 생각할 겨를이 없었다. 우리는 연구를 통해 퇴임한 최고경영자와 리더가 인생 2막을 계획할 때 지침이 될 수 있는 몇 가지 조언을 확인했다.

::: 진출 차선을 미리 계획한다

아메리칸 익스프레스의 전임 최고경영자인 켄 쉐노Ken Chenault는 리더들에게 이렇게 조언한다. "하고자 하는 중요한 일의 영역을 식별해야 하지만 반드시 구체적인 기회일 필요는 없습니다. 리더는 어떤 것에 깊이 빠져드는 위험을 감수하지는 않아야 합니다. 당신에게 중요한 것을 계획하는 시간을 할애하십시오. 사려 깊게 생각하는 것이 매우 중요합니다." 쉐노는 자신의 사업, 자선 및 가족과 관련된 우선순위를 재검토해 볼 것을 권장한다. 예를 들어 쉐노는 비즈니스에서 디지털과 기술 영역에 집중하고자 했다. 쉐노는 "저는 기회가 왔을 때 준비가 되어 있었습니다. 기회에 대해 생각했기 때문입니다."라고 말한다. 은퇴 초기에 쉐노는 자신이 무엇을 할지 정확히 알지 못했지만 자신에게 중요한 것이 무엇인지 알고 있었기 때문에 빠르고 단호하게 움직일 수 있었다.

서두르지 않는다

가장 흔한 실수는 은퇴 후 빈 공간을 서둘러 채우고자 제안을 너무 빨리 수락하는 것이다. 론 슈거가 말했듯이 "처음 6개월 동안은 당신이 제안 받는 모든 것에 거절하도록 하세요. 일반적으로 처음 받는 제안은 해야 할 일이 아닌 경우가 많습니다." 최고경영자들은 자신들이 정말 잘못한 유일한 것은 너무 빨리 움직인 것뿐이라고 반복해서 말한다. 예를 들어 어떤 최고경영자는 어떤 조직의 임원 자리를 수락했지만, 곧바로 보다 나은 기회를 위해 자리를 떠나야 했다. 아마도 천천히 결정하는 것이 현명했을 것이다. No라고 자주, 그리고 Yes라고 천천히 말하도록 하라.

자기 자신을 잘 다룬다

은퇴는 자기 확신이 가장 강한 리더라도 자신에 대한 의구심이라는 익숙하지 않은 경험을 할 수 있다. "자신을 잘 다룰 수 있도록 준비되어야 합니다. 최고경영자 역할을 마친 후 자신이 누구인지 알아야 합니다."라고 멀케히는 말한다. "이것은 자신의 개성과 기질을 돌아보고, 최고경영자로서의 특성을 수정하는 것을 의미합니다." 그녀는 이렇게 덧붙인다. "파슨스는 아내에게 저술하고 강의하고 싶다고 말했습니다. 그는 자신의 열정을 되찾는 데 시간이 걸렸습니다. 어렸을 때 무엇을 하고 싶었는지 스스로에게 질문했습니다. 그는 오랫동안 재즈클럽을 운영하고 싶었기 때문에 재즈바를 개업했습니다. 그러면서 최악의 경우 자신이 포도주를 모두 마실 수도 있다고 농담하면서 포도밭을 매입했습니다. 그리고 그는 그것을 좋아했습니다. 땅이 있고 손톱 아래에 흙이 있고 만질 수 있었습니다. 하지만 사람마다 다릅니다. 여러분은 여러분 스스로에게 질문해 보십시오." 존슨앤존슨의 빌 웬던은 "자신이 즐길 수 있는 것은 무엇인지, 스스로 자문해 보십시오."라고 조언한다.

배우자와의 관계를 강화한다

당신에게 중요한 다른 사람이 있는 경우 이제는 가정으로 돌아와 기대치를 조정하는 것이 중요하다. 배우자는 참을성 있게 기다려 왔고 이제는 여행을 원한다. 만약 은퇴 이후 다시 직장으로 돌아가고 싶다면, 가족의 허락을 얻거나 최소한 이해를 구해야 한다. 우리가 인터뷰한 모든 최고경영자는 가족과 함께 보다 많은 시간을 보낼 계획을 세웠고 실제로 그렇게 했다. 켄 쉐노와 그의 아내는 부부에게 귀중한 활동을 위해 함께 시간을 계획한다.

멘토의 역할을 맡는다

리더들이 극복하기 힘든 상실감이 하나 있다. 권한이나 권력이 아니다. 사람들이다. 스콧 데이비스는 은퇴 후 잃은 것이 무엇인지 질문했을 때 상당수 사람들은 "사람! 저는 수년 동안 많은 동료들을 지도했는데, 이제 더 이상 그들을 만날 수 없습니다."라고 대답했다. 멘토링 기회를 얻는 리더는 이러한 격차를 메울 수 있는 좋은 방법을 찾고, 후배들에게 지혜를 전수함으로써 성취감을 얻는다.

빌 웰던은 이렇게 말한다. "우리는 다른 사람이 경험하지 못한 일을 경험했습니다. 우리는 다른 사람들을 돕기 위해 이러한 경험을 활용할 수 있습니다." ADM의 전임 최고경영자 팻 워츠Pat Woertz는 P&G 및 3M의 이사이자 노스웨스턴병원의 이사 역할을 수행하고 있으며, 시카고의 신생기업에 조언을 제공한다. 그녀는 여성들을 멘토링하고 있다.

::: 시간을 어떻게 보낼지 계획을 수립한다

일하고 싶은 시간, 일하고 싶은 연간 일수를 기재해 보라. 론 슈거가 우리에게 상기시켜 주었듯이 여지를 남겨두도록 하라. 흥미로운 활동을 위한 포트폴리오로서의 '여유시간은 가끔씩 예상하지 못한 기회를 얻을 수 있도록 한다. 딕 파슨스는 은퇴 후 여유시간을 남겨 둔 덕분에 은행 역사상 가장 위태로운 금융위기의 시기에 씨티그룹 회장직을 맡을 수 있었다. LA 클리퍼스[9] 구단주가 인종차별 발언으로 비난을 받고 해임되었을 때, 파슨스는 팀을 이끌라는 NBA의 요청에 따라 구단주로 부임할 수 있었다. 영리 목적과 비영리 목적으로 시간을 구분하라. 돈을 벌고 싶은 영역과 돈을 기부하고 싶은 영역을 구분하라. 마지막으로 가족이나 개인적인 취미와 함께 보내고 싶은 시간을 적어 보라. 파이자의 전임 최고경영자인 제프 킨들러Jeff Kindler는 이렇게 말한다. "아름다움(美)에 대한 추구는 당신이 이전에는 할 수 있는 여유가 없었던 것입니다. 직업적 삶에서 당신이 전혀 추구하지 못했던 것은 무엇인가요?"

::: 사회 환원한다

자신의 새로운 삶을 '은퇴'라고 표현하는 전직 최고경영자는

---

[9] 로스앤젤레스를 연고지로 하는 NBA 서부 콘퍼런스 퍼시픽 디비전 소속 프로농구팀

거의 없다. 사회 환원은 우리가 자주 듣는 첫 번째 주제이다. 딕 파슨스는 "우리는 사회에 빚지고 있습니다. 우리는 공익적 활동을 지원해야 합니다."라고 말한다. 은퇴한 후 파슨스는 록펠러 재단의 회장을 맡았고 수상 경력에 빛나는 두 개의 레스토랑을 설립하여 재즈 음악과 아프리카에서 영감을 받은 요리로 뉴욕 시의 할렘 커뮤니티를 활성화하는 데 도움을 주었다.

빌 웰던은 이렇게 말한다. "은퇴의 박애주의적 측면은 돈을 위해서 일할 때 받았던 보상보다 더 큰 정신적 보상을 제공합니다." 지금은 기반을 구축하고 부를 나누기 시작할 때이다. 우리가 인터뷰한 모든 최고경영자들은 사회 환원을 한다. 예를 들어 켄 쉐노는 <스미소니언 아프리카계 미국인 역사박물관>의 이사회 의장이며 하버드대학 총장 교우회 회원이다. 론 슈거는 서던캘리포니아대학 이사, LA필하모닉 이사, UCLA 앤더슨 경영대학원 객원이사, 비영리단체인 LA월드어페어카운슬 이사, 미국소년소녀클럽[10] 전국 이사 역할을 수행하고 있다. 스콧 데이비스는 애니 케이시 재단[11] 이사이며 카터센터[12] 자문단 회원이다. 이 연구를

---

10 미국 청소년들에게 자발적인 방과후 프로그램을 제공하는 지역 지부의 전국 조직
11 Annie E. Casey 재단은 열악한 교육, 경제, 사회 및 건강 결과에 직면한 어린이와 청소년을 위해 더 밝은 미래를 개발하고 있다.
12 갈등을 해결하여 삶의 질을 향상시키는 데 도움을 주고자 하는 비정부 조직이다.

위해 인터뷰했던 13명의 전직 최고경영자는 모두 최소 25개 이상의 자선단체 이사회에서 활동하고 있었다.

제프 킨들러가 말했듯이 "기회는 엄청납니다. 은퇴하기 전에 은퇴 세상이 어떤 모습일지 미리 이해할 기회가 있었다면 몇 년이 아니라 몇 달 내에 은퇴 계획을 세울 수 있었을 것입니다."

마크 파이겐 Marc A. Feigen: 선도적 글로벌기업의 최고경영자에게 서비스를 제공하는 회사인 Feigen Advisors의 CEO이자 설립자.

로널드 A. 윌리엄스 Ronald A. Williams: RW2 Enterprises의 회장 겸 최고경영자이며, Aetna의 이사회 의장 및 최고경영자. American Express 및 Johnson & Johnson의 이사회에서 활동했다. 현재 Boeing Company 및 Warby Parker의 이사로서 활동하고 있다.

* hbr.org 2018. 9. 18. 기사를 일부 수정 재수록

4장

신중하게 선택하라
Make Choices

14. 은퇴 전환을 위한 의사결정 기법
15. 감정은 좋은 의사 결정의 방해물이 아니다

14. 은퇴 전환을 위한 의사결정 기법

- 은퇴는 돌이킬 수 없는 중대한 의사결정이다. 체계적 의사결정 접근법을 활용하여 의사결정 위험을 줄이도록 하라.
- 문제를 분해하고 심사숙고하라. 의사결정의 개별 요소를 평가하고, 각 요소에 시간 프레임을 할당하라. 의사결정 로드맵을 설계하라.
- '단방향 문' 의사결정을 '양방향 문' 의사결정[13]으로 전환하면 잘못된 의사결정으로 인해 발생하는 위험을 완화할 수 있다.
- 자신의 편향과 편견 가능성을 인정하라. 당신의 의사결정으로 인해 영향을 받게 되는 가족과 배우자를 포함한 이해관계자들과 사전에 의사소통하라.

이직, 창업, 은퇴 등 중대한 커리어 변경의 동기는 매우 다양하

---

13 의사결정에는 두 가지 유형이 있다. 되돌릴 수 없고 매우 중요한 의사결정은 '단방향 문' 의사결정이라 부른다. 이 결정은 신중하고 천천히 해야 한다. 한편 '양방향 문' 의사결정은 변경 가능하고 되돌릴 수 있다. 이러한 의사결정은 탁월한 판단력을 가진 개인이나 작은 집단이 신속하게 해야 한다.

다. 팬데믹은 사람들에게 원격 및 유연 근무가 가능하다는 것을 보여주었다. 이것은 사람들로 하여금 일과 삶 사이의 균형에 관련된 우선순위를 재평가하게끔 했다. 어떤 사람들에게는 팬데믹이 'YOLO[14]'의 유행과 함께 출현함으로써, 자신이 항상 원했지만 결국 하지 못하게 했던 어떤 두려움에서 벗어나게 했다.

다음 3가지 사례는 팬데믹이 우리의 일에 대한 사고방식에 얼마나 큰 영향을 미쳤는지 보여준다. 팬데믹 동안 배운 교훈을 무시하지 않아야 하지만, 그러한 이러한 통찰이 단방향 문 의사결정에 사로잡히지 않도록 하여 편견에 빠지지 않도록 해야 한다.

::: 의사결정 사항을 신중하게 검토한다

의사결정은 완벽하지 않다. 노벨상 수상자 허버트 사이먼 Herbert Simon은 사람들은 불완전한 정보를 가지고 의사결정하게 되므로 우리의 의사결정 프로세스는 완벽하게 합리적일 수 없다고 한다. 트버스키 Amos Tversky와 카네만 Daniel Kahneman은 심리상태가 의사결정을 왜곡시킨다고 지적했다. 안타깝게도 이러한

---

14 You Only Live Once의 앞 글자를 딴 용어. '현재 자신의 행복을 위해 살아가라'는 뜻으로 받아들여진다.

요인은 전환기 사람들의 생각과 의사결정에 보다 큰 영향을 미친다.

나는 최근에 같은 조직 내에 있는 두 명의 서로 다른 관리자와 대화했는데, 두 사람 모두 새로운 직업을 찾고 있었다. 제이슨은 보다 원격작업을 허용하는 재택근무를 원했다. 대조적으로 헬렌은 원격작업은 자신을 관계에서 분리하고 고립되는 느낌을 받게 만든다고 했다. 제이슨과 헬렌은 각자에게 적합하다고 생각하는 업무 상황에 집중했다. 두 사람 모두에게 필요한 것은 전체적인 모습을 그려보고, 각각의 장단점을 평가하는 시간을 가지는 것이다. 업무상황과 환경을 변경하기로 하는 결정이 일방적으로 좋거나 나쁠 수는 없다. 각각의 결정에는 장점이 있지만 또한 비용이 따른다. 어려운 의사결정인 만큼 우리는 보다 객관적인 관점을 얻기 위해 거리를 두고 관찰해 봐야 한다.

상황을 더욱 어렵게 만드는 것은 팬데믹 기간 동안 우리가 경험한 예외적인 경험이 우리의 심리에 영향을 미치고 있다는 것이다. 연구 데이터는 팬데믹과 정신건강 저하 사이의 연관성이 있음을 분명하게 보여 준다. 이것은 의사결정에 실질적인 영향을 미칠 수 있다. 나는 현재의 일을 그만두고 새로운 직업을 모색하기로 결정했던 크리스Chris와 이야기한 적이 있다. 그는 자신의 역할이 동기부여와 몰입감이 없으며, 자신의 업무가 의미나 영감을 주는 느낌이 없고, 자신을 자극하는 어떠한 경력 경로도 찾을 수 없다고 말했다. 추가 면담을 통해 크리스의 문제는 현재의 직업에 대한 것이 아니라 자신의 정신상태에 대한 것임이 확인되었다. 그는 팬데믹이 시작된 이후로 정신건강 저하를 경험한 많은 직원 중 한 명이었다. 그의 경우에 대하여 가족과 이야기해 본 결과, 불만의 원인을 잘못 파악하고 있으며 크리스가 생각하고 있는 대안이 도움이 되지 않는다는 것을 알게 되었다. 그는 자신이 놓치고 있다고 느꼈던 부분을 의미 있게 해결해야 했다. 현재 조직을 떠나면 크리스는 자신에게 도움을 주었던 네트워크를 상실하게 될 것이다.

돌이킬 수 없는 중대한 경력 관련 의사결정을 하기 전에 다음 단계를 수행하여 체계적으로 의사결정에 접근하라. 그리고 의사결정에 따른 위험을 줄이는 방법을 검토하고 있는지 확인하라.

∷ 의사결정 입력 요소를 개선한다

보다 정확한 결과를 얻기 위해서는, 우선적으로 의사결정에 들어가는 데이터(및 해석)를 개선할 수 있는 방법을 고려해야 한다. 20년 이상 편견에 대해 가르쳐 온 나의 경험으로 살펴보면, 의사결정은 여전히 다음과 같은 여러 가지 편견으로부터 영향을 받는다.

- **앵커링**anchoring **효과**: 자동차나 주택의 경매 호가와 같이 시작점 또는 '앵커(닻)'에 의해 영향을 받는 의사결정 혹은 판단 경향
- **확증오류**confirmation evidence: 자신의 견해와 일치하는 뉴스 기사만 읽고 믿는 것과 같이, 이미 자신이 믿고 있는 것을 확인하는 정보를 선호하는 경향
- **가용성**availiability **오류**: 보다 최근의 정보, 보다 생생하거나 감정을 자극하는 정보가 더 많이 더 자주 기억됨으로 인해 발생하는 오류. 예를 들어 복권 판매는 커다란 당첨금액이 발표된 후에 증가하는 경향이 있다.
- **프레이밍**framing **오류**: 의사결정 구조가 어떻게 배치되는가에 따라 영향을 받는 것. 예를 들어 우리는 일반적으로 이익 창출보다는 손실 회피를 더 중시한다.

이러한 모든 편견과 오류는 여기에서 논의하고 있는 경력 전환 의사결정 접근방식에도 영향을 미친다.

내가 가장 좋아하는 원칙은 "잘 모를 때는 아웃소싱한다."는 것이다. 지인들과 자신의 의사결정(및 그 매개변수)에 대하여 토론함으로써 객관성을 유지하고, 암묵적 가정에 문제를 제기함으로

써 자신이 갖고 있었던 편견으로부터 벗어날 수 있다. 악마의 옹호자devil's advocate[15]는 새로운 것이 아니며 당연한 것처럼 받아들여진다. 하지만 어떤 어려운 상황에서는 자신과 견해를 공유한다고 확신하는 사람들끼리만 아이디어를 안전하게 논의하는 방향으로 후퇴하는 경향이 있다. 당신의 궁극적인 의사결정과 전혀 이해관계가 없는 사람을 찾고, 그들이 완전히 솔직해야만 당신에게 도움이 된다는 것을 상기하라.

의사결정과 관련하여 어떤 구조적 접근을 취하고, 프로세스를 아웃소싱하라. 커리어 의사결정은 엄청나게 복잡하고 위험이 크고, 객관성을 유지하면서 정면으로 맞닥뜨리는 것은 아주 어렵다. 체계적인 접근방식을 취하여 문제를 분해하고 심사숙고하라. 예를 들어 의사결정의 각 요소를 평가하고, 각 요소에 시간 프레임을 할당하는 방식으로 의사결정 로드맵을 설계하라. 이렇게 하면 문제해결 과정의 어떤 부분도 놓치지 않고, 의사결정에 시간을 과대 혹은 과소 투자하지 않을 수 있다. 중요한 것은 의사결정을 내리기 전에 프로세스를 확정하는 것이다. 이렇게 하면 편견이 재발함으로써, 부주의로 인해 의사결정 절차를 다시 밟는 것을 피할 수 있다.

---

15 주류의 의견에 반대되는 의견을 제안하여 토론을 더 깊이 있게 만드는 역할을 하는 사람을 지칭할 때 쓰는 용어이다.

⋮⋮⋮ 의사결정의 출력 요소(실행 위험)를 개선한다

다음 단계로 잘못된 의사결정으로 인해 발생하는 위험을 완화하기 위해 의사결정 실행 위험(출력 요소)을 개선할 수 있는 방법을 고려한다. 최적의 데이터와 프로세스가 있더라도 우리 모두는 때때로 잘못된 결론에 도달할 수 있다. 대퇴직[16]에 비추어 볼 때 그러한 오류는 특히 비용이 많이 든다. 당신은 자신의 최고위험책임자CRO[17]이므로 최선이 아닌 의사결정으로 판명될 경우 위험 노출 정도를 줄이는 방법을 찾아야 한다.

이를 수행하는 한 가지 방법은 제프 베조스Jeff Bezos와 리처드 브랜슨Richard Branson이 선호하는 의사결정 접근방식을 적용하는 것이다. 이것은 의사결정 유형을 단방향 문 의사결정과 양방향 문 의사결정으로 구분한다. 베조스와 브랜슨은 의사결정을 위한 사전 검토와 토론에 많은 시간을 낭비하지 말고 일단 시도해 보고, 필요한 경우 다시 원래 지점으로 돌아가야 한다고 한다. 양방향 문 의사결정은 학습을 위한 좋은 기회이다. 대조적으로 단

---

16   Great Resignation Big Quit, Great Reshuffle이라고도 불리는 대퇴직은 팬데믹과 함께 2021년 초를 기점으로 노동자가 대거 자진 퇴사했던 경제 추세를 말한다. 잘못된 퇴사 결정은 엄청난 결과를 초래할 수 있다.

17   Chief Risk Officer. 기업의 중요한 경쟁, 규제 및 기술 위험을 평가하고 완화하는 임무를 맡은 최고책임자를 말한다.

방향 문 의사결정은 번복하기 어렵다(불가능하지는 않더라도). 따라서 최종 결정하기 전에 모든 옵션을 신중하게 고려하고 평가하는 데 시간과 노력을 기울여야 한다.

첫 번째 질문은 당신이 고려하고 있는 경력 전환이 양방향 의사결정인지 단방향 문 의사결정인지 검토하는 것이다. 부업을 시작하거나 현재 조직 내에서 새로운 역할로 전환하고 싶을 수 있다. 고려 중인 변경사항이 상대적으로 포기하거나 실행을 취소하기 쉽다면 운이 좋은 것이고 양방향 문 의사결정이다. 이 경우 일단 시도해 보고 이를 통해 학습한 것을 확인한다.

그러나 그렇지 않고 비용이 크고 단방향 문이라고 생각되면 단방향 문 의사결정을 양방향 문 의사결정으로 변경할 수 있는 방법이 있는지 조사해 본다. 자주 인용되는 하나의 사례가 있다. 리처드 브랜슨은 버진아틀랜틱을 창업하면서, 보잉과 계약조건을 협상하여, 항공사업을 시작하지 못할 경우에는 구입한 비행기를 반환할 수 있도록 계약했다. 궁극적으로 그 조항을 행사할 필요가 없었지만, 계약조건을 협상하면서 의사결정을 단방향 문에서 양방향 문으로 바꾼 것이다.

현재 소속된 회사나 직업의 맥락에서 비슷한 일련의 경력 목표를 달성할 수 있는 방법이 있는가? 무언가를 새로운 것을 시도하거나 보다 많은 데이터를 수집하기 위해 안식년을 갖거나 파트타임으로 전환할 수 있는가? 당신이 의도한 바가 당신이 원했던 것이 아닌 것으로 판명될 경우 선택 대안을 늘리기 위해 당신의 인맥과 전문 네트워크를 구축하거나 강화할 수 있는가?

단방향 문과 양방향 문의 구분은 결국 휴리스틱[18] 의사결정이다. 즉 단방향 또는 양방향으로 구분하는 것 자체가 자신의 위험 허용 수준과 감당할 수 있는 비용에 따라 달라지는 판단이라는 것이다. 어떤 사람에게는 원상복구 비용이 아주 클 수 있지만, 다른 사람에게는 그렇지 않을 수 있다.

또한 단방향 문 의사결정을 양방향 문 의사결정으로 전환하는 데 있어서 아무런 비용이 들지 않는 '실행 취소' 버튼이란 없다는 것을 명심하라. 단방향 문 의사결정은 실제로 실패 비용이 감당하기에는 너무 크다고 생각하는 경우에 불과하다. 취소할 수 없는 의사결정에 대한 위험노출을 줄이는 것은 궁극적으로 양방향 문 의사결정을 하는 또 다른 방법이다. 따라서 단방향 문 의사결정에서 벗어날 수 없다면 실패 비용이 적게 드는 잘못된 의사결정이라는 다른 대안이 있는지 확인하라. 일이 잘못될 경우 비용을 기꺼이 부담할 수 있을 만큼 충분히 낮은 비용의 의사결정으로의 전환이 가능하다면 사실상 양방향 문 의사결정을 내린 것이다.

---

[18] 시간이나 정보가 불충분하여 합리적 판단을 할 수 없거나, 굳이 체계적이고 합리적인 판단을 할 필요가 없는 상황에서 신속하게 사용하는 어림짐작으로 하는 의사결정

::: 이해관계자들과 의사소통한다

위에서 언급한 아이디어 대다수는 고용주와의 개방적이고 진솔한 대화를 필요로 한다. 이것은 두려운 일일 수도 있고 어느 정도 위험을 수반할 수도 있다. 현재의 고용주가 진정으로 당신을 소중하게 여긴다면 불확실성을 해결하고 협력하여 좋은 해결책을 얻을 수 있다. 하지만 그렇지 않다면, 남는 선택지는 사직서를 제출하는 것뿐이다. 20여 년 동안 MBA 채용 과정을 지켜본 후 내가 알게 된 한 가지 교훈은 구직자는 종종 자신의 요구사항을 설명하고 협상하고 실행 가능한 중간 지점을 찾는 자신의 역량과 능력을 과소평가한다는 것이다. 보장할 수는 없지만 고용주가 당신의 웰빙을 얼마나 중요하게 생각하는지 알아내는 것 자체가 좋은 데이터가 되며, 이것은 전체 프로세스와 매우 관련이 크다.

팬데믹은 모든 사람에게 커다란 영향을 미쳤으며 상당수 사람들에게는 몇 가지 중요한 깨달음을 얻게 했고, 삶의 우선순위를 재배열하도록 했다. 이것은 중요하다. 그러나 우리는 또한 의사결정 능력에 영향을 미치는 다른 여러 가지 요인의 영향을 받는 인간이기도 하다. 중요한 삶의 의사결정을 내릴 때 이러한 편견을 인식하고 의식적으로 해결하는 것은 단방향 문 의사결정이라는 잘못된 반대편에 갇혀 있지 않도록 하기 위한 중요한 단계이다.

마크 모텐슨 Mark Mortensen: INSEAD의 조직행동 전공 부교수. 그는 협업, 조직 설계, 새로운 업무 방식, 리더십 문제를 연구하고 가르치고 컨설팅한다.

* hbr.org 2021. 11. 3. 기사를 일부 수정 재수록

15. 감정은 좋은 의사결정의 방해물이 아니다

- 의사결정에 직면했을 때 어떤 느낌인지, 의사결정을 통해서 어떤 느낌을 갖고 싶은지 자문해 보라.
- 감정 분석은 감정을 숨기거나 감정으로부터 도망치지 않고 문제를 보다 잘 식별함으로써 보다 좋은 의사결정을 할 수 있도록 한다.
- '도마뱀 두뇌[19]'에 감정을 지배당하지 않고, '마법사 두뇌'가 감정을 제대로 확인하고 전달하도록 훈련하라.
  1. 의사결정 사항이 무엇인지 구체적으로 파악한다.
  2. 의사결정 사항에 대한 자신의 감정상태를 확인한다.
  3. 성공적으로 의사결정했을 때의 모습을 상상해 본다.
  4. 자신의 감정을 분석하고 올바른 의사결정을 했는지 확인한다.

---

19 어떤 사안에 대하여 제대로 파악하지 못하고 있음에도 불구하고, 자신이 해당 사안에 대하여 이미 잘 알고 있다고 생각하게 만드는 인과적 사고 경향을 말한다. 경제학자인 테리번햄 교수가 금융시장이 비합리성과 우연에 의해 상당히 지배당하고 있다고 진단하는 과정에서 도마뱀의 뇌가 우리를 성공적인 투자와 반대로 움직이게 하는 비합리적 사고 성향이라고 설명하면서 널리 사용되었다.

나는 코넬대학에서 의사결정 성공 확률을 높이는 방법에 대해 기조연설을 한 적이 있다. 나는 2,000여 명을 대상으로 중요한 의사결정에 직면했을 때 실수를 두려워하는지 여부를 측정하기 위해 설문조사를 했었는데, 응답자의 무려 92%가 그렇다고 대답했다. 그리고 응답자들에게 자신이 저지르게 될까 걱정하는 실수가 무엇인지 한두 단어를 적어 보라고 요청했다. 상위 응답은 상당수 사람들이 직감이나 본능에 과도하게 의존하는 것을 우려였다. 사람들은 너무 빠르게 움직이는 것이 아닌지를 특히 걱정했다. 성급하거나, 충동적이거나, 감정적인 의사결정을 내린다는 것이다.

많은 사람들이 너무 신속한 의사결정으로 인해 실수를 할까 걱정하고 있다. 그런데 도대체 왜 그렇게 하는가? 어렵고 복잡한 의사결정에 직면했을 때, 우리들은 일반적으로 어렵고 난감한 느낌을 경험한다. 상당수 사람들은 이러한 불편한 감정을 오랫동안 갖고 싶어 하지 않는다. 그래서 가급적 조기에 의사결정을 내리려고 한다. 하지만 이것은 종종 잘못된 결정으로 이어진다. 당면한 문제를 제대로 해결하지 못할 수도 있고 종종 기분이 더 나빠지기도 한다. 부정적인 감정 상태에서 의사결정하는 것은 비생산적인 피드백 루프이다.

그러나 다른 한편으로 감정은 보다 나은 의사결정을 돕는 비밀

병기가 될 수도 있다. 그 과정은 의사결정에 직면했을 때 어떤 느낌을 갖게 되는지, 뒤돌아서 자신의 의사결정을 바라볼 때 어떤 느낌을 갖고 싶은지 파악하는 것이다. 당신은 무엇을 보고 있는가? 좋은 의사결정의 결과로 인해 당신의 삶은 어떻게 나아졌는가?

다음에서 제시하는 4단계 훈련을 통해 우리의 사고 또는 다른 작업을 도와주는 '마법사 두뇌'가 우리의 감정을 제대로 확인하고 전달하도록 하고, 위험을 감지하는 '도마뱀 두뇌'가 선택적 반응을 하지 않도록 할 수 있다. 작동 방식은 다음과 같다.

⋮⋮ 의사결정 사항을 확인한다

골치 아픈 문제를 해결하려고 할 때 감정적 문제 외에도 서로 상충되는 많은 정보를 구분해야 하는 경우가 많다. 따라서 가장 먼저 해야 할 일은 어떤 의사결정을 내려야 하는지 확인하는 것이다. 찰리의 사례를 살펴보자. 그는 박사 학위 취득 과정에서 청력을 향상시키는 기술을 개발했다. 현재 신경생물학 스타트업 최고경영자인 찰리는 자신의 발명과 관련된 모든 것들에 대해서 열정적이고 깊이 알고 있다. 하지만 그는 사업 경험이 없으며, 몇 가지 중요한 비즈니스 의사결정에 직면해 있었다. 제품 출시를 위해 기조달한 자금을 어떻게 효과적으로 사용할 수 있을까? 최소의 비용으로 실행 가능한 제품을 개발하고 실험해 보고자 하는데, 어느 정도의 비용이 합리적인가? 스타트업 자금을 어떻게 추가적으로 조달할 수 있는가?

투자자들은 임상시험을 마치고 파일럿 프로그램으로 제품을 테스트하기를 원하고 있고, 찰리는 투자자들의 요구를 단기간 내에 충족시키고자 한다.

찰리의 기업 고문과 투자자 몇몇은 찰리에게 사업 경험이 풍부한 동업자를 찾아야 한다고 촉구하고 있다. 찰리가 내려야 할 의사결정은 이러한 문제해결에 도움이 될 사업 경험이 풍부한 사람과 동업해야 하는지 여부이다.

::: 의사결정 사항에 대한 자신의 감정 상태를 확인한다

중대한 의사결정을 내려야 할 때, 자신의 감정 상태를 살펴봐야 한다. 당신이 느끼는 지배적인 감정은 무엇인가? 두려움? 불안? 압도당하는 느낌? 향후 주어질 기회에 대한 설렘? 당신의 감정은 이전의 경험이나 다른 정보 소스에 근거한 것인가?

감정에 이름을 붙여보면 감정과 행동 사이에 약간의 거리를 둘

수 있다. 이렇게 하면 무의식적으로 감정에 의지하여 의사 결정하는 것이 아니라, 자신의 감정을 살피고 인식할 수 있어서 의식적인 생각과 선택을 할 수 있다.

찰리는 자신이 개발한 제품을 깊이 신뢰하고 있으며, 그 기술을 활용하여 사람들을 돕고 싶었다. 그런데 찰리는 옴짝달싹할 수 없다는 느낌이 들었고 어떤 의사결정을 해야 할지 확신이 서지 않았다. 그는 불안하고 주저하고 있었으며, 투자자와 고문들로부터 서로 상충되는 조언을 받고 있었다. 일부는 사업적 마인드를 가진 동업자를 영입해야 한다고 했고, 다른 일부는 조금 더 짜임새 있게 시간을 사용하면, 혼자서도 모든 것을 해낼 수 있다고 조언했다.

옴짝달싹 못하고 갇혀있는 듯한 느낌을 확인하기 위해서, 사안으로부터 일정한 거리를 둔 것은 찰리에게 있어서 일종의 게임 체인저가 되었다. 이를 통해 찰리는 자신이 유일한 의사결정자임을 깨달았고, '갇혀있다'는 단어는 자신의 감정을 적절하게 설명하지 못한다는 것을 알아차렸다. 찰리는 자신이 어떤 저항을 느낀 것이라고 말했다. 내가 찰리에게 "저항은 감정이 아니라 심리적 반응"이라고 말했을 때, 찰리는 자신의 상태를 보다 깊이 분석할 수 있었다. 찰리는 자신이 진정으로 느낀 것은 불안함이었다고 말했다. 자신의 감정에 대한 명확화는 그의 눈을 뜨게 했다.

이제 그는 자신이 불안해하는 것이 무엇인지 탐색할 수 있었다.

∷ 성공적으로 의사결정했을 때의 느낌을 상상해 본다

성공적인 의사결정을 내렸다고 상상해 보라. 기분이 어떠한가? 성취감이나 안도감을 느끼는가? 미래에 대한 명확한 방향이 생겼는가? 커리어가 확대되거나 관계가 강화되었는가?

찰리는 동업자를 영입하면 의사결정권을 다른 사람과 공유해야 하고, 그 경우 상호 갈등이 생길 수 있다는 걱정으로 마음이 불편했던 것이다. 그는 자신이 영입한 동업자의 사업 경험과 지식이 큰 도움이 될 것이라고 생각했다. 하지만 오랫동안 꿈꾸고 땀 흘려 이룬 사업의 소유권을 다른 사람과 나누고 싶지는 않았다. 자신이 무엇을 불편해하고 있는지 알아차린 것은 커다란 깨달음의 순간이 되었다

∷ 자신의 감성을 분석한다

의사결정 사항을 파악했고, 이에 대한 자신의 감정 상태에 대

해 살펴봤으므로, 이제는 올바른 의사결정을 했는지 확인한다.

감정 분석을 적용하면서 찰리는 여러 가지 의사결정이 혼재되어 있어서 자신이 갇혀있다는 느낌을 받았다는 것을 깨달았다. 자신이 내려야 할 의사결정은 동업자를 영입하느냐 아니냐가 아니라, 사업 소유권을 공유할 것인지 여부에 관한 것이었다. 그는 자신이 필요로 하는 사업적 통찰력을 얻으려면 주변의 많은 스타트업이 그랬던 것처럼 동업자를 영입해야 한다고 생각했다.

그러나 감정 상태 분석을 통해서 찰리는 사업적 통찰력을 얻을 수 있는 다른 방법이 있다는 것을 깨닫게 되었다. 그는 직원을 채용할 수도 있고, 컨설턴트와 계약할 수도 있었다. 사업적 의사결정은 단기적 의사결정이고, 동업은 장기적 의사결정이다. 그에게는 이러한 의사결정 사항이 혼재했을 뿐만 아니라 동업의 장기적인 영향에 대해서도 생각하지 못했다.

많은 사람이 의사결정 과정에 투자할 시간이 부족하다고 생각한다. 그리고 중대한 의사결정을 할 때 불안과 좌절과 같은 감정적 불편함을 겪고 싶어 하지 않는다. 그래서 복잡한 의사결정을 감정과 위험을 민감하게 느끼는 도마뱀 두뇌에 맡기곤 한다. 마법사 두뇌는 의사결정의 속도를 늦추는 힘든 작업을 통해서 도마뱀 두뇌에 의사결정을 맡기지 않도록 하는 것이다. 이를 위해서 자신 감정에 이름을 붙이고, 자신의 감정을 천착한다. 마법사의 두뇌를 사용하면 감정에 지배당하는 것이 아니라 감정과 협력하게 된다.

감정 상태 분석은 감정을 숨기거나 감정으로부터 도망치는 대신, 감정에 이름을 붙이고 견뎌낼 수 있도록 한다. 그래야 문제를 보다 잘 식별하고 좋은 의사결정을 내릴 수 있어서, 명료하고 자신감 있게 미래로 나아갈 수 있다.

셰릴 슈트라우스 아인혼 Cheryl Strauss Einhorn: 복잡한 문제를 해결하려는 개인, 회사 및 비영리단체를 위한 의사결정 과학 기업인 Decisive의 설립자이자 최고경영자. Decisive는 디지털 도구와 대면 교육, 워크숍, 코칭 및 컨설팅을 제공한다. 그녀의 신간인 『문제 해결사Problem Solver』는 개인의 의사결정과 문제 해결 프로필의 심리학에 관한 것이다.

* hbr.org 2022. 9. 9. 기사를 일부 수정 재수록

5장

은퇴는 힘들다. 함께하라
Rement is hard. Don't let it go alone.

16. 은퇴 자문단을 구성하라
17. 은퇴와 관계역학
18. 은퇴 단계별 스트레스 대처 방법

16. 은퇴 자문단을 구성하라

- 당신의 은퇴 결정으로 인해 영향을 받게 될 가족과 친구, 은퇴 생활에 대한 자문을 제공하는 재무, 법률, 건강 등 영역별 전문가를 은퇴 자문단에 포함하고 주기적으로 대화하라.
- 은퇴 후 새로운 영역, 새로운 커리어로 진출하고자 한다면, 해당 분야 전문가를 멘토로 초청하여 자문을 구하라.
- 은퇴를 어떻게 정의하든, 도움과 조언, 통찰력을 얻을 수 있는 자문단은 성공적인 은퇴 계획에 큰 도움이 된다는 것을 명심하라.
- 은퇴 전환을 마친 후에는 다른 사람의 자문단 멤버로 봉사함으로써 은혜를 갚도록 하라.

당신에게 은퇴는 어떤 의미인가? 일을 줄이는 것? 스스로 자신의 시간을 통제하는 것? 드디어 이탈리아어를 배울 시간이 있는 것? 크루즈를 타고 남태평양을 항해하는 것?

은퇴를 감당하거나 은퇴하고 싶다는 것을 상상할 수도 없는 처지이기 때문에 은퇴에 대해서 냉소적인가? 아니면 더 이상 일할 수 없는 상황이 올 때까지는 어떤 형태로든 계속 일을 하고자 하는가?

우리는 더 이상 같은 회사에서 40년을 일하고 나서 은퇴 기념 금장시계를 착용하고 퇴직하는 은퇴는 가능하지 않다는 것을 잘 알고 있다. 그렇다면 이제 은퇴란 어떤 의미인가? 상당수 사람들에게 은퇴는 퇴직금과 기타 부가 수당을 수령하고, 이후에 무엇을 해야 할지 결정하는 것을 의미한다. 선택 대안은 다양하고 풍부하다. 아마도 대학을 졸업할 때 주어졌던 개방형 선택과 유사하다. 나는 누구인가? 어떤 삶을 살고 싶은가? 내가 살고 싶은 곳은? 아마도 운이 좋았다면 당신에게는 당신과 당신의 능력을 믿고 의사결정에 대해 조언하고 피드백해 준 사람들이 있었을 것이다. 이제 당신에게 필요한 것은 당신의 은퇴 관련 의사결정을 지원해 줄 비공식 은퇴 자문단이다.

∷ 왜 은퇴 자문단을 구축해야 하는가

커리어를 쌓아가는 동안, 특히 경력 초기나 중요한 경력 전환 단계에서는 당신에게 공식 또는 비공식 멘토가 있었을 것이다. 직장생활의 마지막 시즌이 다가옴에 따라, 당신은 네트워킹하고자 하는 열의가 줄어들고 은퇴 관련 제반사항을 혼자서 결정해야 한다고 생각할 수 있다. 그러나 혼자서 은퇴 계획을 수립하는 것은 좋지 않다. 도움과 조언, 통찰력을 얻을 수 있는 자문단은 성공적인 은퇴 계획에 큰 도움이 될 것이다.

은퇴를 위한 비공식 자문단 구성을 위해서는 의도적인 접근이 필요하다. 자문단 구성원들이 서로 만나야 할 필요는 없다. 하지만 이들은 당신의 은퇴를 염려하고, 아이디어를 제공하고, 선택에 대하여 조언하고, 은퇴 전환에 도움을 주기로 동의하는 사람들이다.

은퇴에 대한 도움을 받고자 한다면, "저는 은퇴 후 무엇을 어떻게 해야 하는지 고민하고 있습니다. 당신의 귀중한 의견을 기대합니다. 가끔 연락드리고 아이디어를 얻을 수 있을까요?"와 같이 조용하지만 직접적인 부탁을 해야 한다. 은퇴 목표를 염두에 두고 질문을 준비한 후, 은퇴 계획 자문단에 포함시켜야 할 사람들은 다음과 같다.

::: **핵심 임원**

가족과 친구

은퇴 계획 자문단에 가장 먼저 초청해야 할 사람은 당신의 은퇴 결정으로 인해 가장 큰 영향을 받게 될 사람들이다. 보통은 가족과 친구이다. 아마도 당신은 가까운 친구 및 가족과 이미 은퇴에 대해 이야기하기 시작했을 것이다. 배우자가 있다면, 당신의 배우자는 당연히 자문단의 핵심 멤버가 된다. 그리고 가까운 곳에 부모와 성인 자녀도 포함될 수 있다.

재무 자문가

정기적인 급여 수입 없이 생활하려면 신뢰할 수 있는 사람의 재무적 자문이 필요하다. 큰 회사에서 근무하는 경우 회사와 계약한 재무 자문가가 있을 수 있다. 이들과 상담을 예약하라. 없는 경우라면 별도로 재무 자문가를 선택하고 상담을 통해 은퇴 계획을 수립하라. 이러한 전문가들은 당신이 은퇴 후 어느 정도의 자금이 필요하며 어떻게 운용해야 하는지 의사결정하는데 도움을 줄 것이며, 은퇴 시기와 관련된 의사결정에도 도움을 줄 것이다.

주치의, 건강상담사

은퇴에 가까운 나이가 되면 여러 가지 건강 문제가 발생할 수 있다. 따라서 건강보험 옵션을 이해하는 데 도움을 줄 수 있는 사람들을 은퇴 계획 자문단에 포함시켜야 한다. 재무 자문가는 당신에게 어떤 종류의 건강보험이 필요한지, 당신이 거주하고자 하는 주에서 메디케어가 선택사항인 경우 언제 가입해야 하는지,

그리고 공공보험 외에 부가적인 민간보험의 선택에 도움을 줄 수 있다. 하지만 건강검진을 받고 은퇴 후 식단이나 운동을 어떻게 관리해야 하는지에 대한 정보를 얻기 위해서는 주치의나 건강상담사와 미팅하는 것이 필요하다.

법률 자문가

마지막으로, 유언 공증 변호사, 건강 관리 대리인health care proxy[20], 기타 법률 자문가를 자문단에 포함하는 것을 고려해야 한다. 특히 가족 사업이나 동업 관계에서 물러나고자 하는 경우에는 더욱 그렇다.

은퇴 관련 의사결정을 지원하는 자문단에 4개 영역의 기본 멤버(가족과 친구, 재무 자문가, 주치의·건강상담사, 법률 자문가)가 포함되어 있는지 계속 확인하는 것은 항상 중요하다

---

20 당사자가 어떤 이유로 스스로 자신의 건강 상태에 관한 결정을 내릴 수 없거나 의사소통을 할 수 없게 될 경우, 믿을 만한 사람을 이후의 일을 처리해 줄 대리인으로 지정하는 것을 말한다.

::: 영역별 전문가

핵심 임원 외에 어떤 사람들을 은퇴 계획 자문단에 포함하고자 하는가는 당신의 선택 방향에 달려 있다. 기본적으로 현재 당신의 멘토나 직장 동료와 같이 당신을 잘 알고 있으며, 당신을 지원할 수 있는 사람들을 추가하는 것이 좋다. 또한 해당 문제의 선택 대안을 이해하기 위해 새로운 분야의 사람들을 추가할 수도 있다. 은퇴가 보다 적은 시간을 일하고 업무 역할을 줄이는 것을 의미하든, 자원봉사 혹은 취미활동에 보다 많은 시간을 보내는 것을 의미하든 이것은 분명하다. 고려 중인 분야의 사람들과 대화하고, 아이디어를 테스트하라. 자문단에는 항상 무엇인가를 지원하고 공급해 주는 사람, 어떤 문제를 분석하고 정련해 주는 사람들이 필요하다.

::: 은퇴 상황에 따른 자문단 구성 방안

은퇴 상황에 따른 자문단 구성과 관련된 몇 가지 아이디어는 다음과 같다.

갑작스러운 은퇴: 이전의 동료를 자문단에 포함시켜라

어떤 사람들은 돌발적 상황으로 인해 은퇴를 결심하게 되고, 이후에는 골프를 친다. 이런 경우 자문단에 골프 프로를 추가하고 업무 관련 네트워크는 제외하고 싶을 수도 있다. 하지만 1년 정도가 지나면 체계적으로 할 수 있는 일이 없어서 지루해할 수 있다. 그러므로 은퇴 초기 몇 년 동안은 당신을 잘 알고 당신의 역량에 대해서도 잘 아는 몇몇 이전 직장의 동료들을 자문단에 포함하도록 하라. 그래야 은퇴를 후회하고, 또 다른 무언가를 찾고자 할 때, 아무것도 없는 맨바닥에서 시작하지 않을 수 있다.

새로운 경력, 새로운 영역으로의 전환: 새로운 멘토 포함시켜라

어떤 사람들은 일을 완전히 중단하는 대신 이전 커리어를 떠나서 새로운 영역으로 전환하고자 한다. 마케팅 담당 임원의 사례인데, 자신의 별장과 지역사회를 좋아했고, 그 지역사회에서 부동산 중개인으로 일하면 은퇴 소득을 보충할 수 있는 좋은 선택이 될 것이라고 생각했다. 그녀는 지역 부동산 중개업자들과 이야기를 나눴고 자격증 취득과정을 통해 그녀를 멘토링하고 좋은 출발을 할 수 있도록 도와준 사람을 얻었다. 그녀는 그를 포함하여 커뮤니티와 더 깊이 네트워킹하는 데 도움이 되는 두 명의 현지 동료들을 은퇴 계획 자문단에 포함시켰다. 이러한 접근방식을 상황에 맞게 해석한다면, 은퇴 후 수입원을 보충해야 하는지 여부를 파악하고, 그 수입을 얻기 위해 활용할 수 있는 자신이 좋아하는 활동을 탐색하고, 해당 영역에서 자신을 보증할 수 있는 사람들을 자문단에 초청하는 것이다. 전환을 돕는 새로운 영역의 사람들뿐만 아니라 당신의 기술과 역량을 보증할 수 있는 이전 직장의 동료들을 자문단에 초청하라.

단계적 은퇴: 상급자와 함께하라

미디어 관련 비영리단체의 그래픽 및 커뮤니케이션 책임자는 조심스럽게 점진적 은퇴하고자 했다. 퇴직하면서 그는 주요 프로젝트를 수행하기 위해 회사와 3개월 단위로 계약을 하겠다고 설득했다. 이것이 그의 작은 컨설팅 업무의 시작이었다. 참고로 그는 자신의 상급자를 비공식 자문단에 포함시켰고 다른 언론사 동료 2명과 관련 전문단체 관계자 1명을 자문단에 추가했다. 강력한 자문단을 갖추고 자신의 시간을 통제하면서, 그는 자신의 뜻에 따라 컨설팅 시간을 늘이거나 줄일 수 있었다. 은퇴 초기 그는 가족과 함께 지내기 위해 매년 7월 한 달은 휴가로 비워 두었다. 결국 그는 8년 후 완전 은퇴하기로 결정했다.

조심스럽게 점진적으로 은퇴하는 것이 당신에게 어떤 도움이 되는지 이해하려면 우선 당신이 가진 전문 기술을 재검토해 봐야 한다. 당신에게 특별히 자주 사용하는 전문 기술이 있는가? 그 기술이 다른 고용주에게 제공하거나 자원봉사 활동을 할 수 있는 것인가? 만약 당신이 채용 담당자라면 헤드헌터가 될 수 있다. 퇴직한 CFO라면 당신의 기술과 경험을 업계의 다른 회사에 제공할 수 있다. 해당 전문 서비스 분야의 사람들을 당신의 자문단에 추가하여 이러한 방향이 당신에게 적합한지 확인하라.

∷ 은퇴 방향을 결정하지 못한 경우에는 이렇게 하라

당신은 다른 많은 사람들처럼, 자신이 무엇을 하고 싶은지 적절한 은퇴 시기가 언제인지, 은퇴할 수 있는 여유가 있는지 잘 모르겠고 은퇴와 관련된 의사결정을 미루고만 있을 수 있다. 그렇다면 당신은 이제 자문단의 핵심 임원을 다시 만나야 할 때이다. 이들은 이러한 질문에 대하여 대답을 찾는데 필요한 기본 정보를 제공할 수 있다. 만약 자신의 일이 만족스럽다면, 굳이 지금 당장 의사결정할 필요는 없다. 하지만 당신이 직장이나 조직에 묶여서 어찌해 볼 수 없다는 느낌이 들고 점점 더 냉소적으로 변하고 있다면, 은퇴를 자신을 불행하게 만드는 환경으로부터 벗어날 수 있게 하는 과도기라고 생각해야 한다.

처음에는 은퇴 접근방식을 선택하는 것이 대학을 졸업했을 때 느꼈을 "이제 어떻게 하지?"와 같은 느낌일 수 있다. 그러나 당신은 그때와 다르다. 당신에게는 그때는 갖지 못했던 평판, 기술,

인맥 그리고 경험이 있다. 당신의 인맥과 동료를 사용하여 자문단에 적합한 사람을 찾고, 선택사항을 탐색하는 데 도움을 받고, 의사결정하는 데 도움을 얻을 수 있다.

예를 들어 한 저명한 마케팅 담당 임원은 재직기간 중 은퇴를 생각할 겨를이 없었다. 그래서 은퇴 후 자신이 하고 싶은 일을 찾기 위해 1년이라는 시간을 투자해야 했다. 그의 비공식 자문단은 그에게 일단 휴가로 긴장을 풀 것을 권고했다. 호주 그레이트배리어리프로의 여행은 그로 하여금 기후변화에 대해 관심을 갖게 했다. 집으로 돌아온 그는 딸이 참여하고 있는 기후변화 관련 비영리단체의 메시지를 수정하는 일을 도왔다. 그리고 자문단을 활용하여 주의원들과 네트워크를 형성했으며, 주의원 중 한 명을 자신의 은퇴 계획 자문단에 포함시켰다. 1년이 지나지 않아 그는 기후변화 로비스트로서 새로운 방향을 찾을 수 있었다.

::: 미래에 집중하라

대학에 입학하여 자신이 더 이상 고등학생이 아니라는 걸 깨달은 시절을 기억하는가? 은퇴는 갑작스러운 강등처럼 느껴질 수 있다. 어떤 사람들은 은퇴 전 상태를 포기하지 않고 은퇴 후에도 계속해서 자꾸 뒤돌아보곤 한다.

은퇴에 성공하려면 앞을 내다봐야 한다. "저는 인사담당 임원이었습니다." 또는 "저는 기술회사의 ○○○이었습니다." 이런 말을 한다면, 당신의 초점은 과거에 머물러 있는 것이다. 이런 경우, 은퇴 계획 자문단을 구성하고, 기회를 파악하고, 미래를 만드는 데 도움을 줄 수 있는 사람들을 만나는 데 어려움을 겪게 된다.

무엇을 하고자 하는지 아직 결정하지 못했더라도, "나는 ○○○이다."라는 선언을 작성해 보라. "나는 ○○○이다."라는 선언은 새롭게 만나는 사람들에게 자신을 소개하고, 자문단을 확장하고, 사고방식을 훨씬 유연하게 만들 것이다.

다음은 미래에 초점을 맞춘 "나는 ○○○이다." 선언의 몇 가지 사례이다.

- **나는 당신과 같은 조직에 기여할 수 있는 기회를 찾고 있는 은퇴한 물류 관리자입니다.**
- **나는 교육 분야 비영리단체에서 활동하고 싶은 은퇴 CEO입니다.**
- **나는 은퇴했고, 지금은 골프 실력 향상을 위해 노력하고 있습니다.**

편안해질 때까지 "나는 ○○○이다." 선언을 계속 시도해 보

라. 불편하다면 진술을 바꿔보고, 가능성을 작성해 보라. 또는 여러 가지 경우에 대하여 각각 몇 가지의 "나는 ○○○이다." 진술을 만들어 보라. 그러면 어떤 모습으로든 은퇴 전환 시 자부심을 가지고 다음과 같이 말할 수 있다. "저는 디자인과 커뮤니케이션 분야의 미디어 컨설턴트입니다." 또는 "저는 가족과 친구들이 찾아오는 바닷가 마을에서 사는 것이 즐겁습니다."

은퇴를 어떻게 정의하든, 자신만의 자문단을 만들면 은퇴 전환 과정에 도움이 될 것이다. 그리고 당신의 은퇴 전환을 마친 후에, 다른 사람의 자문단 멤버로 봉사함으로써 은혜를 갚도록 하라.

프리실라 클라만 Priscilla Claman: 보스턴 소재 커리어 코칭 및 경력 관리 서비스 회사에서 은퇴했다. 성공적인 은퇴를 만들기 위해 은퇴 계획 자문단을 활용하는 방법에 관한 글을 하버드비즈니스리뷰에 기고했다. 또한 『HBR Guide to Getting the Mentoring You Need』(HBR Press, 2013), 『HBR Guide to Managing Up and Across』(HBR Press, 2014)의 기고자이기도 하다.

17. 은퇴와 관계역학

- 은퇴는 당신 자신의 문제이다. 하지만 또한 은퇴는 당신의 배우자, 가족, 친구의 문제이기도 하다.
- 당신과 인생을 가장 가깝게 공유하는 사람이 있다면 처음부터 은퇴에 대하여 함께 이야기하는 것이 좋다. 무엇을 같이 할 것인지, 무엇을 각자 할 것인지 상의하고 분담하고 즐기도록 하라.
- 은퇴는 새로운 즐거움을 발견할 수 있는 기회, 옛 친구와 새로운 친구에게서 도움을 받을 수 있는 기회를 제공한다. 옛 직장 동료들을 그리워하지 말고, 새로운 이웃과 친구를 만날 수 있는 활동에 참여하라.
- 소중한 사람들과 은퇴 계획을 진술하고 적절한 방식으로 대화하라. 그들의 반응을 살피고 새로운 관계를 정립하라.

은퇴는 확실히 당신 자신의 문제이다. 하지만 은퇴는 당신의 배우자, 가족, 친구의 문제이기도 하다. 커리어를 떠난 후 경험하게 되는 당신 삶의 극적인 변화로 인해 당신과 당신의 가장 가까운 사람들이 영향받지 않을 수 없다. 그리고 당신도 다시 그들로부터 영향을 받는다. 은퇴로 인해 일상의 구조, 시간을 사용하는 방식, 소속된 모임, 관계 등 삶의 많은 측면이 바뀐다. 이 모든 것 중에서 관계가 가장 중요하다. 연구에 따르면 관계는 정서적 건강, 인지 기능, 심지어 신체 건강에도 영향을 미치며 은퇴 후 사람들의 웰빙에 핵심적으로 영향을 미친다. 나와 우리 팀이 수행해 온 연구에 따르면 은퇴 기간 중 기존의 관계를 잘 유지함과 동시에 새로운 관계를 개발하면 은퇴 전환이 쉬워지고 인생의 후반기에 즐거움과 지원을 얻을 수 있다.

이 장에서는 우리 팀이 지난 8년 동안 수행한 연구의 실제 사례를 기반으로 은퇴 시 고려해야 할 대처 전략과 주요한 질문을 제공하고자 한다. 연구 데이터를 수집하면서, 우리는 은퇴 전환기의 심리적, 사회적 경험에 대해 심도 깊게 이해하기 위해 14명의 사람들을 대상으로 반복적인 추적 인터뷰를 수행했고, 69명의 다른 사람들(일부는 여전히 일하고 있었고 일부는 최근에 은퇴했다.)을 대상으로는 한 차례의 인터뷰를 했다. 이러한 인터뷰를 통해 우리는 관계의 역학, 즉 은퇴로 인해 좋든 나쁘든 어떠한 변화가 있었는지, 은퇴자들이 어떻게 관계를 개선할 수 있는지 깊이 관찰할 수 있었다.

제이Jay와 그의 아내 데브라Debra는 은퇴 후 삶에 대하여 상당히 다른 견해를 가지고 있었다. 우리는 은퇴를 앞둔 경영컨설턴트인 제이와 은퇴 전, 은퇴 시, 그리고 은퇴 후 약 6년여에 걸쳐서 10회에 걸친 인터뷰를 진행했다. 아내 데브라는 제이와 많은 시간을 함께하고 싶어 했으며, 그동안 해온 여러 자원봉사 활동을 계속하고 싶었다. 대조적으로 제이는 경주용 자동차에 대한 젊은 시절의 열정에 다시 빠져들고 싶었다. 그는 차고에서 얼마 전 구입한 자동차를 만지작거리며 혼자 시간을 보냈으며 지역의 경주용 자동차 동호회를 좇아다녔다. 이러한 차이로 인해 은퇴 첫 해에 부부간에는 많은 갈등과 마음의 상처, 언쟁이 일어났다. 예를 들어서 아내는 함께 피크닉을 가고 싶어 했지만, 제이는 자동차 수리에 몰두하거나 TV 시청으로 혼자서 시간을 보냈다. 부부는 이렇게 어려운 시간을 보내면서 관계 조정에 도움이 필요하다는 것을 깨닫고 부부 상담을 받았다. 인내와 끈기를 통해 부부는 다시 행복한 결혼생활로 이어지는 타협점을 찾았다. 부부는 매주 각자의 시간과 공간을 주면서도, 함께 자동차 여행으로 여러 나라를 탐험했고 서로를 재발견했다. 그럼에도 불구하고 은퇴 생활에 대한 서로 다른 기대와 그에 따른 서로에 대한 실망감은 완전히 사라지지 않았다.

사이먼은 매우 다른 경험을 했다. 최근 영양사에서 은퇴한 그의 재혼 아내 헬렌Helen은 사이먼에게 함께 은퇴하자고 요청했다. 하지만 사이먼은 전처에게 생활수당을 지급하기 위해서 2년 정도 더 일해야만 했다. 사이먼이 드디어 은퇴한 이후 부부는 여유로운 아침식사 대화를 통해 보다 가까워졌고, 함께 정원을 가꾸고, 함께 정당활동 자원봉사를 하면서 은퇴 생활을 즐겁게 받아들였다. 사이먼과 그의 아내는 은퇴 후 부부 관계의 순조롭고 쉬운 전환을 경험했다.

우리가 추적 인터뷰를 진행했던 사람 중 가장 내향적인 성향이었던 마가렛은 몇 년 전에 남편을 잃었다. 그녀는 오랜 친구 트루디와 함께 인생의 새로운 단계를 즐기고, 가능하다면 새로운 친구도 사귀고 싶었다. 그녀는 사람들에게 망설이며 다가갔지만 개별적 만남에 대해서는 두려움이 있었다. 마침내 그녀가 은퇴했을 때, 마가렛은 은퇴가 자신에게 시간과 감정적 여유를 주고, 삶에 새로운 즐거움을 주는 우정을 발전시킬 수 있는 시간을 준다는 것을 발견했다.

::: 은퇴 관계역학

당신이 은퇴할 때 배우자나 가족 또는 친구와의 관계 맺기는 제이만큼 어렵지는 않겠지만, 시몬만큼 순탄하지는 않을 수도 있다. 아마도 마가렛의 경우와 같이 갈등과 만족스러움이 뒤섞인 중간 어디쯤에 있을 것이다. 그리고 은퇴 전, 은퇴 중, 은퇴 후에는 각각 어느 정도의 차이가 있을 것이다. 은퇴 후 관계의 정도와 깊이에 대해서 모든 것을 사전에 확실하게 디자인할 수는 없다. 하지만 좋은 관계를 만들기 위해 할 수 있는 일들은 많다. 물론 좋은 관계를 만드는 내용과 방법은 당신이 누구이며 은퇴 생활에서 원하는 것이 무엇인지에 따라 달라진다. 여기에는 당신 스스로 정의하는 즐거움, 휴식과 회복, 자아 발견, 다른 사람들과 깊은 관계 맺기, 학습과 성장 등 여러 가지가 포함된다. 이러한 것들을 이해하는 것은 당신이 가까운 사람들과 맺는 관계가 당신이 꿈꾸던 은퇴를 어떻게 촉진하거나 약화시킬 수 있는지에 대해 심사숙고할 수 있는 훌륭한 출발점이 된다.

배우자

인생을 가장 가깝게 공유하는 사람이 있다면 처음부터 은퇴에 대하여 함께 이야기해야 한다. 우리가 인터뷰한 대다수의 사람들은 은퇴 날짜를 결정하기 전에 배우자와 은퇴의 재정적 측면에 대해 이야기를 나누었다. 그러나 놀랍게도 상당수 사람들은 은퇴 후 부부가 일상적인 삶을 어떻게 꾸려나갈지에 대한 대화까지는 나아가지는 못했다. 제이가 경주용 자동차에 많은 시간을 할애하고 싶다는 소망을 아내 데브라에게 조금 더 솔직하게 말했다면 은퇴 후 관계가 훨씬 더 빨리, 더 좋게 시작되었을 것이다. 사이먼과 헬렌은 은퇴 후 첫 해에 어떻게 시간을 보낼 것인가에 대한 구체적인 아이디어를 함께 나누었다. 그래서 마침내 그 날이 왔을 때, 일상생활을 위해 함께 만든 계획은 예상치 못한 도전과 기회를 허용할 수 있는 유연성과 여지가 있었고, 부부는 함께 나아갈 준비가 되어 있었다.

부부 모두에게 매력적인 몇 가지 선택지를 통해 은퇴 생활의 일상이 어떤 모습일지 사전에 어느 정도 구체적으로 함께 이야기하는 것은 매우 중요하다. 그러면 부부가 통제할 수 없는 어떤 사건들에 맞닥뜨렸을 때에도 함께 헤쳐 나갈 수 있다.

로렌스Lawrence와 신시아Cynthia는 이에 대한 교훈적인 사례다. 그들은 매우 평범한 방식으로 은퇴를 계획했다. 일주일에 며칠은 사랑하는 손자를 돌볼 수 있도록 아들 부부가 살고 있는 다른 주로 이사하는 은퇴 이후의 꿈을 함께 꾸었다. 하지만 안타깝게도 부부는 손자와 아들 부부와 부모와 함께 생활하지 못할 때 무엇을 해야 할지, 부부만의 삶에 필요한 다른 관계가 어떤 것일지에 대해서는 미처 생각하지 못했다. 이사한 후 그들은 새로운 지역 커뮤니티의 어떤 모임이나 활동에도 참여하지 않았고 이웃을 사귀지 못했다. 이사한 지 1년 만에 아들의 결혼생활이 파탄 나고 손자와 함께 보내는 시간이 크게 줄어들자, 부부의 음주 문제는 심각한 알코올 중독으로 발전했다. 은퇴 후 3년이 지날 즈음 부부는 장기재활 프로그램에 입소해야 했다. 12단계 프로그램 이후에 신시아와 로렌스 부부는 건강을 되찾고 결혼생활을 위기에서 구했으며, 행복한 은퇴 생활을 회복할 수 있었다. 로렌스 부부는 "돌이켜보면 일찍부터 일상의 구체적인 사항에 대해 이야기하고 함께하는 생활을 위한 계획을 개발했었더라면 자신들에게 닥친 폭풍을 더 잘 헤쳐 나갈 수 있었을 것"이라고 말했다.

　부부 중 한 사람이 먼저 은퇴한다면, 그 중간 기간 동안 부부의 삶이 어떻게 전개될지에 대하여 구체적으로 생각해 볼 필요가 있다. 누가 요리와 집안일, 집안 대소사를 담당할 것인가. 사이먼과 헬렌은 남편이 은퇴할 때까지 아내가 큰 몫을 담당하고, 은퇴 시점에는 집안일을 분담하기로 합의했다. 남편의 은퇴 전인 60대 중반에 은퇴한 아이린은 여름 별장을 풀타임 은퇴 주택으로 개조하는 일을 감독하는 책임을 이해하고 받아들였다. 그녀는 남편이 여전히 회사 일로 바쁜 동안 그 공간을 자신의 것으로 만들고 지역 커뮤니티에서 자신의 자리를 찾을 수 있는 기회를 만들었다. 만약 이들 부부가 미리 상의하고 이해하지 못했다면 둘 중 한 사람 또는 두 사람 모두 서로에게 원망을 갖게 되었을 수도 있다.

자녀 및 다른 가족 구성원

은퇴는 당신의 자녀와 다른 가족 구성원에게 영향을 미치며 그 반대의 경우도 마찬가지이다. 당신은 이들과 어떤 관계를 맺고자 하는지 미리 생각함으로써, 은퇴로 인한 영향을 긍정적으로 만들어 낼 수 있다.

전처와의 사이에서 낳은 사이먼의 딸은 다른 주에 살며 어린 두 아이를 두고 있었다. 사이먼의 딸은 재혼 아내인 헬렌을 진정 가족으로 받아들인 적이 없었다. 딸의 감정을 존중했던 사이먼은 은퇴하기 전까지는 항상 혼자서 딸의 집을 방문했다. 하지만 은퇴 후 결혼생활이 자신의 삶의 중심이라고 깨달은 사이먼은 딸에게 "앞으로는 아내 헬렌 없이 딸을 만나거나 아예 방문하지 않겠다."고 부드럽지만 단호하게 말했다. 딸의 마음은 누그러졌고 헬렌은 온 가족과 강하고 사랑스러운 관계를 발전시킬 수 있었다.

제이는 은퇴 전 성인이 된 아들과 별로 대화가 없었다. 아들은 너무나 바빴고, 아들과의 사이가 나쁘지는 않았지만, 어느 정도 거리감이 있었다고 한다. 은퇴 후 제이는 경주용 자동차에 대해 다시 열정이 불붙었고, 마침 아들도 같은 관심을 갖고 있었다. 부자는 함께 여행을 떠나 새롭고 더 긴밀한 유대를 형성했다. 이러한 유대감은 아내 데브라가 수술 중 예기치 않게 사망했을 때 두 사람은 서로를 안정적으로 유지할 수 있도록 했다. 아버지와 아들은 데브라를 애도하면서 서로를 위로했다.

먼 친척도 은퇴 생활에서는 아주 중요한 관계가 될 수 있다. 다른 나라에서 성장했던 더글러스는 은퇴 후 멀리 떨어져 있는 친척들과 보다 주기적으로 연락을 하며 지내고 싶었다. 더글러스 부부는 은퇴 후 첫 해에 일련의 장기여행을 계획했으며, 중간 중간 친척 집에서 휴식을 취했다. 그 결과 그동안 전화나 이메일로만 소통했던 친척들과의 소중한 관계가 더욱 돈독해졌을 뿐 아니라, 다른 친척들에게 다시 연결시켜 주기까지 했다.

친구

은퇴는 새로운 즐거움을 발견할 수 있는 기회, 옛 친구와 새로운 친구에게서 도움을 받을 수 있는 기회를 제공한다. 마가렛은 건강하게 늙어가는 데에는 관계가 중요하다는 것을 책에서 읽었다. 마가렛은 집에만 머물면서 애완동물을 돌보고 소파에서 웅크리고 앉아서 책만 읽고 있었던 생활습관에서 벗어나야 한다는 것을 깨달았다. 마가렛은 새로운 활동을 통해 친구를 만들었다. 지역 체육관에서 수업을 들었고, 영성 모임에 가입했다. 그녀는 곧바로 적지만 활기찬 친구들을 사귈 수 있었고 그들에게서 큰 즐거움을 얻었다. 그리고 나중에 건강이 나빠졌을 때, 마가렛은 이들에게서 큰 도움을 받았다.

아이린은 직장 동료 및 이웃들과 좋은 우정을 나누어 왔다. 아이린은 여름 별장으로 이사한 후에도 이들과의 우정이 계속될 것으로 기대했다. 그러나 놀랍게도 은퇴 후 얼마 되지 않아서 그러한 관계는 무너지기 시작했다. 그녀는 이전 직장 동료들과는 공통 관심사가 크게 줄어들었으므로, 이제 그 친구들을 떠나보내도 괜찮다고 느꼈다. 다행스럽게도 그녀는 오랫동안 관심 있던 취미를 추구하기 위해 새롭게 참여한 미술수업에서 만난 새로운 이웃을 만났다. 그녀는 이들과 매일 산책하면서 자연스럽게 새로운 지인을 얻었고 그중 일부는 결국 가까운 친구로 발전했다.

∷∷ 은퇴에 대하여 생각하고 대화를 나누는 방법

이 모든 것이 어떤 의미가 있는가? 이것은 당신이 은퇴를 향해 나아가고 은퇴 생활을 하게 되면서 자신이 맺고 있는 관계에 대해 신중하게 생각해야 한다는 것을 의미한다. 다음은 관계를 어떻게 형성하고 싶은지 심사숙고하는 데 도움이 되는 질문들이다. 스스로 생각해 보고 필요하다면 당신 삶에서 가장 중요한 사람들과 대화해 보라.

- 주요한 정체성과 특성, 선호도 및 동기의 측면에서 지금 당신은 누구인가? 은퇴 후 당신은 어떤 사람이 되고 싶은가?
- 은퇴 생활에 대한 당신의 희망과 목표, 기대와 두려움은 무엇인가?
- 당신이 누구인가? 당신이 되고 싶은 모습, 당신이 원하는 은퇴 생활에 도움이 되도록 유지, 심화하고 싶은 특정 관계가 있는가? 그들과의 대면 또는 비대면 만남을 통해 이것을 어떻게 달성할 수 있는가? 이제는 끝내고 싶은 관계가 있는가? 새롭게 맺고 싶은 관계가 있는가? (친근하고 일상적인 관계와 깊고 친밀한 관계를 위한 현재와 미래의 요구사항, 그리고 실질적인 도움과 지원을 주고받아야 받아야 하는 요구사항을 고려한다.)
- 새로운 관계 또는 새로운 관계로 이어질 수 있게 하는 새로운 활동을 통해 자신의 삶에 변화를 주고자 하는가? 그렇다면 어떻게 할 것인가? 이웃과 동료 모임의 구성원(예: 교회 신도), 특히 은퇴한 사람들을 고려하라. 새로운 친구가 될 수 있는 사람들을 만나기 위해, 당신은 어떤 활동을 시작하거나 재개할 수 있는가? 교회나 동아리 모임 후에 이야기를 나누고, 마음에 들면 따로 식사하거나 함께 산책을 할 계획을 세워 보라. 만약 내성적인 사람이라면, 은퇴한 사람이 말하는 소위 'Yes Day[21]' 사고

---

21   미국에서 제작된 미구엘 아테타 감독, 제니퍼 가너 주연의 영화 <Yes Day>로 인해 대중화된 개념이다. 영화에서는 긍정적인 변화를 만들어 내기 위해 부모는 자녀가 원하거나 요청하는 모든 것에 'Yes'라고 한다.

방식을 발전시켜 보도록 하라. 당신이 좋아하는 어떤 사람이 큰 힘이 들지 않는 소소한 일(예: 파크골프 함께 하기, 책 읽기)을 같이 하자고 당신을 초대한다면 그냥 'Yes'라고 말하라. 이를 통해 새로운 우정이 형성될 수도 있다.

- 은퇴 후 처음 몇 개월, 몇 년 동안 하루의 일상을 어떻게 지낼지 명확한 계획이 있는가? 그 계획이 배우자, 그리고 당신에게 중요한 다른 사람들의 계획과 얼마나 일치하는가?

- 당신 인생에서 소중한 사람들은 당신의 은퇴에 대해 어떤 기대를 갖고 있는가? 그리고 당신은 그들에 대해 어떤 기대를 가지고 있는가? 아직 일하고 있는 배우자가 당신이 은퇴 후 집안일을 도맡아 처리해 줄 것으로 기대하고 있는가? 부부가 동시에 은퇴하는 경우, 하루를 어떻게 보내고자 하는지, 함께 있는 시간과 서로 떨어져 있는 시간을 어떻게 계획하는지, 가사분담은 어떻게 하고자 하는지, 두 사람 모두 집에 있을 때 집안 공간을 서로 어떻게 사용할 것인지에 대해서 이야기를 나눠 본 적이 있는가? 예를 들어 손자를 돌봐 달라는 딸의 희망, 세계여행을 하자는 배우자의 바램, 그리고 자신만의 시간을 갖고 싶은 당신의 꿈 사이에서 어떻게 조화를 이룰 것인가?

- 새로운 지역으로의 이사와 같은 커다란 변화를 계획하고 있다면, 이것이 당신의 소중한 사람들에게는 어떤 의미가 있을 것

같은가? 커다란 변화의 결과가 기대와는 달리 순조롭지 않다면 어떻게 할 것인가? 당신은 그들과 또다른 매력적인 선택 대안을 상상할 수 있는가?

스스로 그리고 당신의 삶에서 소중한 사람들과 함께 이러한 질문을 깊이 생각하고 대화해 보라. 당신과 그들은 서로서로 영향을 주고받게 된다는 것을 항상 염두에 두도록 하라. 은퇴에 대하여 자신과 자신의 욕구에 대하여 진솔하고 적절한 방식으로, 소중한 사람들과의 관계에서 예상되거나 예기치 못하는 방향 전환에 대하여 어떻게 반응하고자 하는지 깊이 생각해 보라. 연구를 통해서 알 수 있듯이 좋은 관심과 의도를 함께 가지고 관계 문제에 접근한다면, 은퇴의 고통스러운 함정을 피하고 달콤한 열매를 즐길 수 있을 것이다.

테레사 M. 애버바일 Teresa M. Amabile: 하버드비즈니스스쿨 교수이자 『The Progress Principle』의 공동 저자. 그녀와 그녀의 공동 연구진은 사람들이 은퇴 전환으로 다가가고 경험하는 방식에 대하여 연구하고 있다.

18. 은퇴 단계별 스트레스 대처 방법

- 은퇴 후 미래에 대하여 명확하고 구체적인 계획을 수립하라. 은퇴에 대한 꿈을 구체화하고, 영역별 자문가와 함께 목표가 얼마나 현실적인지 확인하고, 꿈을 실현하기 위한 조치를 취하라.
- 자신에게 적합한 루틴을 만들어야 한다. 매일 같은 시간에 잠자리에 들고 일어나 생체리듬을 조절하고 운동을 하여 뼈와 근육을 튼튼하게 유지하고 건강한 체중을 유지하며 만성질환의 위험을 줄여야 한다.
- 사회적으로 연결되고 정서적 회복력을 높이기 위해 친구 및 가족과의 정기적인 만남을 유지하라. 목적의식을 갖기 위해 의미있는 방식으로 지역사회에 참여할 기회를 찾으라.
- 장기간의 불안이나 우울증, 기타 다른 정신건강 문제가 있다고 생각되면 진솔하게 말하고 도움을 요청하라.

많은 사람들에게 은퇴는 꿈이다. 대부분은 커리어를 시작하면서 저축과 세금 외에는 별다른 생각을 하지 않는다. 은퇴가 가까워질 때, 우리는 비로소 은퇴에 대해서 이야기를 시작하고, 공상을 하고, 아마도 걱정할 것이다. 인생의 황금기를 즐길 수 있는 충분한 자금, 건강, 가족 및 친구와 사랑과 우정을 나눌 수 있을 수 있을 만큼 운이 좋을까? 하지만 한편으로 일을 중심으로 살아온 사람들에게 일이 없는 상태로의 전환은 스트레스가 될 수 있다. 우리는 직장에서 끝없이 쏟아지는 해야 할 일들의 항목을 하나씩 지워가면서 생활해 왔다. 그리고 이를 통해 성취감을 느끼고, 칭찬과 인정을 받았으며, 경제적 이익을 얻었다.

은퇴 후에는 자신만 알고 있고 다른 사람들은 알지 못하는 개인적 프로젝트와 해야 할 일들로 전환하게 된다. 그러면서 크고 많은 스트레스가 발생하는 것에 대해서 놀랄 수 있다. 고객과 상사에게 자신의 과업에 대해 이야기할 필요가 없고, 업무 성과에 대한 보상을 받지 못할 때, 이제 자신이 쓸모없고 중요하지 않다고 느낄 수 있다. 아니면 현업에 있을 때는 불가능했던 가족과의 유대, 개인적인 관심사를 마침내 진행할 수 있게 되어 만족감을 느낄 수도 있다. 은퇴에 관해서는 실제로 은퇴할 때까지 어떤 기분일지 모르는 경우가 많다.

우리가 아는 것은 그 어느 때보다 더 많은 사람들이 은퇴를 앞두고 있다는 것이다. 세계보건기구WHO에 따르면 세계 모든 국가에서 노인 인구의 규모와 비율이 증가하고 있다. 세계보건기구는 2030년까지 전 세계 인구 6명 중 1명이 60세 이상이 되고, 2050년에는 이 인구가 두 배로 늘어날 것으로 예상하고 있다.

'고령화'로 알려진 이러한 인구학적 변화는 은퇴자 수의 증가와 은퇴 기간의 증가를 의미한다. 이제 은퇴는 단순히 일을 하지 않는 것 이상의 의미를 지닌다. 그러나 모든 것이 황금빛은 아니다. 스트레스가 은퇴자의 정신건강에 미치는 영향에 대해서는 상충되는 데이터가 있다. 11개 연구를 분석한 결과 총 6,111명의 은퇴자 중 우울증 유병률은 2.8%로 나타났다. 한 연구에 따르면 은퇴 후 평균 6년 동안 정신건강이 6%~9% 나빠졌다. 이 영향은 비자발적으로 은퇴한 사람들에게 더 크다. (강제적으로 쫓겨났다고 느끼는 것보다, 은퇴 조건을 스스로 통제하는 것이 스트레스가 훨씬 적을 것이므로 당연하다.) 60개 데이터셋, 총 557,111명의 피실험자에 대한 또다른 메타 분석에 따르면, 은퇴가 우울증의 위험을 거의 20% 감소시킨다고 한다. 마지막으로 하버드 의과대학의 연구에 따르면 은퇴 후 무엇인가를 과소 혹은 과도하게 하면 우울증, 불안, 기억력 손상, 식욕 부진, 및 불면증 징후를 보인다고 한다. 우울증과 불안이 항상 스트레스의 결과는 아니지만 높은 수준의 지속적인 스트레스는 불안과 우울증과 같은 정신건강 상태의 위험 요소이자 촉발 요인이 된다. 연구 결과는 서로 상충되고 혼란스럽다. 그리고 사람은 서로 다른 맥락을 가진다. 하지만 자신의 스트레스의 원인을 파악하면 정서적 및 심리적 관점에서 이 중요한 삶의 전환을 준비하기 위한 적극적인 조치를 취할 수 있고, 스트레스를 줄이고 적절하게 관리하며 보다 긍정적인 은퇴를 즐길 수 있다.

::: 은퇴 스트레스의 원인

물론 각자의 은퇴 상황은 이러한 중요한 인생 사건의 스트레스를 경험하는 방식에 영향을 미친다. 은퇴 관련 스트레스는 은퇴 방식, 일상 구조의 변화, 관계에 미치는 영향, 고립감, 재정 등의 문제와 관련 있다.

은퇴 상황

우리는 이상적으로는 자신의 은퇴 상황과 시기를 선택할 수 있다. 은퇴 계획을 수립했고 그에 따라 순조롭게 진행되고 있다면 두려움이나 불안보다 설렘이 더 클 것이다. 그러나 이러한 이상적인 상황이 누구에게나 가능한 것은 아니다. 질병, 가족 돌봄, 정리해고 등으로 인해, 원했던 때보다 일찍 은퇴하게 된다면 예상하지 못한 일로 엄청난 스트레스를 받을 수 있다.

일상의 구조

모든 것이 정확하게 계획하거나 꿈꾸던 대로 되더라도 주당 40~60시간의 근무시간에서 주당 40~60시간의 자유시간으로의 전환은, 특히 은퇴 후 처음 몇 주 또는 몇 달 동안에는 아주 어려운 조정이 될 수 있다. 수강하고자 하는 강의, 여행, 참여할 활동

등에 대한 계획을 세웠더라도 속도 변화에 익숙해지는 데에는 시간이 걸린다.

관계의 변화

팬데믹으로 인해 많은 사람들에게 재택근무가 일상이 되었다. 하지만 함께 출근하고 시간을 보내고, 탕비실에서 스포츠 경기와 뉴스에 대해서 이야기하고, 회식을 함께 하는 팀이 없을 때 고립되고 단절된 느낌을 받을 수 있다.

고립감

은퇴는 확실히 유행에 뒤쳐지고 소외되는 것은 아닌가 하는 느낌을 불러일으킬 수 있다. 여전히 일하는 동료들이 해외출장을 가고 승진을 하는 것을 지켜보면서, 은퇴 결정이 올바른 선택이었는지 의아심을 가질 수 있다. 또한 상당수 노인들처럼 혼자 사는 사람들은 일을 통해서 정기적으로 다른 사람들과 연결될 수 없으므로 외로움을 느낄 수 있다. 퓨리서치센터[22]에 따르면 세계 어느 곳보다 미국은 혼자 살고 있는 노인들이 많다. 60세 이상 미국 성인의 27%가 독거 상태이며, 나머지 130개 국가에서는

---

22 워싱턴 D.C.에 본부를 둔 미국의 초당파 싱크탱크. 미국과 세계의 사회문제, 여론 및 인구 통계학적 추세에 대한 정보를 제공한다

16%가 혼자 살고 있다. 여성들은 남성들보다 혼자 사는 경우가 두 배나 많다. 이것은 일부는 여성이 더 오래 살기 때문이고, 또 일부는 자신보다 나이가 많은 남성과 결혼하기 때문이다. 그리고 많은 연구들은 사회적 고립은 노년의 정신적, 육체적 건강에 부정적 영향을 미친다고 보고하고 있다.

재정 문제

돈은 삶의 다양한 단계에 있는 많은 사람들에게 일반적인 스트레스의 원인이다. 재정적 스트레스는 사람들이 일을 그만두고 저축을 늘리는 능력을 포기하는 은퇴 시에 증가할 수 있다. 은퇴에 관한 CNBC의 특집에 따르면, 미국인의 37%가 자신이 은퇴할 준비가 되어 있지 않거나 자신이 은퇴할 준비가 되어 있는지 확신이 서지 않는다고 생각한다. 특히 미국인의 큰 관심사 중 하나는 나이가 들면서 건강이 쇠퇴하기 때문에 의료 비용을 충당할 수 있는 충분한 돈을 갖는 것이다. 한 설문조사에 따르면 미국인의 1/3 이상이 다음 해에 필요한 의료 비용을 충당하지 못할까 우려하고 있다. 그리고 모기지나 학자금 대출(자신이나 자녀를 위한)과 같은 부채가 여전히 있는 경우, 부채를 가지고 은퇴하는 것에 대해 약간의 불안감을 느낄 수도 있다. 마지막으로 기대수명이 늘어남에 따라 많은 사람들은 자신의 저축이 남은 생애 동안 지속될 수 있을 것인지 미심쩍어 한다. 현재의 경기 침체는 이러한 두려움을 더욱 악화시킨다. 현업에 있으면서 회사 돈으로 여행을 하거나 여가를 즐겼다면 은퇴 후에는 여행과 멋진 식사 비용이 모두 자신의 주머니에서 나와야 한다는 사실을 깨닫는 것도 스트레스가 될 수 있다. 따라서 은퇴를 위한 재정적 준비는 정서적, 심리적 건강에 필수적이다.

⋮⋮⋮ 은퇴 단계별 스트레스 대처 방안

로버트 애치리Robert Atchley의 고전적 저작인 『은퇴사회학The Sociology of Retirement』에 따르면 은퇴 생활주기에는 7단계가 있다고 한다. 그리고 이러한 '은퇴 주기'의 어느 단계에 있느냐에 따라 스트레스의 원인이 다를 수 있다.

은퇴를 계획하라. 단계가 존재한다는 것을 알면 단계를 식별하고 대응하는 데 도움이 된다. (여기에서 우리는 삶의 마지막에 가까워지는 마지막 단계인 종료 단계는 다루지 않는다.) 사람들은 일반적으로 이러한 은퇴 단계를 거치지만, 각자의 방식대로 은퇴를 경험하게 된다. 일부는 환멸 및 방향 전환 단계와 같은 특정 단계를 건너뛸 수 있고, 때로는 상황 변화로 인해 앞뒤로 점프할 수도 있다. 예를 들어 유산을 물려받게 되면 허니문 단계로 되돌아가거나 안정 단계로 나아가게 될 수 있다. 그리고 만성질환 진단과 같은 부정적인 경험은 환멸 또는 방향 전환 단계로의 전환을 가져올 수 있다.

1단계(은퇴 이전)

대부분의 사람들이 재무계획에 집중하기 시작한다. 이 단계는 보통 은퇴 전 5년에서 10년 사이에 발생하며, 자녀가 독립하고 보다 작은 집으로 주택 규모를 줄이는 기간일 수도 있다. 어떤 사람들에게는 거주지의 변화를 계획하는 단계일 수도 있다. 예를 들어 겨울이 길고 추운 곳에 살고 있다면 기후가 더 좋은 곳으로 영구적으로 또는 일시적으로 이사하기로 결정할 수 있다. 직장에서의 스트레스는 나이가 들어간다고 느끼는 것에 따른 일반적인 불안, 은퇴 자금이 충분한지 하는 의구심, 구체적 은퇴 계획이 없는 것에 따른 막연함 등이다.

대처 방안: 이러한 스트레스의 원인을 해결하려면 미래에 대한 명확하고 구체적인 계획을 수립하는 것에 집중해야 한다. 은퇴에 대한 꿈을 구체화하고 재무 자문가를 만나서 목표가 얼마나 현실적인지 확인하고 꿈을 실현하기 위한 조치를 취한다. 또한 건강한 식습관과 생활에 집중하여 은퇴 후 건강하고 오래 사는 계획을 세우는

데 도움이 되도록 한다. 헬스코치인 컨스엘러 챕먼Consuela Chapman 은 회사의 직원지원프로그램ESP을 통해서 제공되는 상담을 활용하여 새로운 일상의 은퇴를 준비할 것을 조언한다.

2단계(은퇴 당일)

회사와 동료가 축하하는 실제 은퇴일이다. 어떤 종류의 선물을 의미하거나 혹은 사무실이나 멋진 레스토랑에서의 은퇴 파티를 의미할 수도 있다. 많은 사람들이 직장생활의 마지막을 기념하는 이 날을 고대한다. 하지만 은퇴 날짜를 정하고 상사와 가족에게 이를 알리는 것과 관련하여 스트레스가 있을 수 있다. 또한 조직에서 밀려나는 느낌이 든다면 그다지 축하할 일이 아닐 수도 있다.

대처 방안: 이 날을 처리하는 가장 좋은 방법은 은퇴 연설이나 동료에게 보내는 고별 이메일의 주요 내용이 될 수 있는 자신의 커리어 성취를 돌아보는 것이다. 혼자서도 성취감을 느낄 수 있다. 이날 하루를 최대한 긍정적으로 만드는 또 다른 방법은 직장과 작별하고 인생의 새로운 단계를 시작하면서 감사한 일을 세 가지 이상 나열해 보는 것이다.

3단계(허니문)

항상 하고 싶었지만 시간이나 여유가 없어서 못했던 많은 일들을 하게 된다. 여기에는 가족을 만나거나 새로운 장소를 탐험하는 여행, 정원 가꾸기, 그림 그리기, 뜨개질 등 취미에 완전히 몰두하기, 외국어 배우기, 자신의 가치관에 따른 자원봉사 등이 포함된다. 또한 허니문 단계는 알람시계에 맞춘 기상, 고통스러운 출퇴근, 회의로 꽉 찬 달력, 커피를 마실 시간도 없었던 상실에서 벗어나는 것을 즐기는 시기이다. 은퇴에 대한 감정적, 심리적 반응은 계획한 활동에 따라 달라지므로 이 단계가 어느 정도 지속될 것인지는 알 수 없다.

대처 방안: 이 단계는 허니문 단계로 분류되어 있으므로 은퇴 후 스트레스가 가장 적은 기간이다. 충분히 흡수하고 즐기도록 하라. 당신은 은퇴와 열심히 일한 새로운 삶을 사랑하고 기쁨, 만족, 흥분, 성취감을 느낄 수 있다. 이 기간을 연장하고자 하면, 정서적인 활력이 필요할 때 읽어볼 수 있도록 긍정적인 감정을 일지에 기록하는 것이 도움이 된다. 당신은 사전연명의료의향서를 작성하여 미래를 준비하고 싶을 수 있다. 샌프란시스코 베이 지역에서 15년 이상 노인들과 함께 일한 경험이 있는 사회복지사 버네사 수저Vanessa Souza는 이렇게 말한다. "당신을 대신하여 의사결정할 사람이 필요하다. 당신이 신체적으로나 인지적으로 스스로 결정을 내릴 수 없을 경우

당신에게 필요한 것을 도와줄 대리인이 필요하다. 상황이 순조로울 때는 대부분의 사람들이 이것에 대해 생각하고 싶어 하지 않는다. 하지만 사전연명의료의향서는 남은 삶 동안 마음의 평화를 가질 수 있는 또 하나의 방법이다."

4단계(환멸)

남은 생애 동안 자신에게 이것이 맞는지 궁금해지기 시작할 때이다. 마음대로 할 수 있는 자유의 감정적 고양은 시들기 시작하고 너무 많은 여유와 구조화되지 않은 삶의 단점이 시작된다. 돈을 벌지 않고 쓰기만 하는 것에 대해 불안감을 느끼기 시작할 수도 있다. 모험 대신 두려움으로 아무런 계획 없이 하루를 맞이할 수 있다. 당신은 목표나 성취감을 갈망할 수 있다. 그리고 챕먼이 말했듯이 "최근에 은퇴했고 변화에 잘 적응하지 못하는 개인은 불안하거나 우울해지기 시작할 수 있다. 은퇴자들이 우울감의 주기를 겪는 것은 드문 일이 아니다. 자신의 커리어와 오래된 관계를 떠나는 것은 큰 손실이 된다."

대처 방안: 이 단계의 스트레스를 처리하는 한 가지 방법은 은퇴 기간 중 자신이 좋아하는 것에 집중하고 그렇지 않은 것은 해결하려고 노력하는 것이다. 경력 성취 목록, 감사 목록으로 돌아가서 허니문 단계의 일지를 다시 읽어 보면, 긍정적 사고방식으로 전환하

는 데 도움이 된다. 함께 즐기는 일을 하기 위해 친구 및 가족과 적극적으로 연결하라. 그리고 공동의 목표를 위해 많은 사람들과 함께 일하는 것이 정말 그립다면 누군가의 삶을 변화시키기 위해 협력할 수 있는 자원봉사 기회를 찾아보라. 이것은 비영리단체 참여, 무료급식소 자원봉사, 학교 자원봉사 등을 의미할 수 있다. 취미와 자원봉사는 은퇴자의 정신적, 육체적 건강을 모두 향상시키는 것으로 나타났다. 은퇴의 틀에서 벗어나고 싶다면 평화봉사단에 가입하거나 해외 자원봉사를 떠나는 것도 고려해 보라. 그리고 우울감과 상실감이 지속적으로 느껴진다면 그 과정을 통해 도움을 줄 정신 건강 전문가를 찾으라.

5단계(재정립)

어떤 사람들에게는 새로운 정체성을 파악하고 새로운 삶의 방식에 적응하기 시작하면서 가장 도전적인 단계가 될 수 있다. 당신은 이 새로운 단계의 삶에서 아무런 불안 없이 무엇을 해야 하는지에 대한 끊임없는 질문에 대답하고 목적의식을 느끼기를 원한다.

대처 방안: 이 기간을 잘 넘기려면 자신에게 맞는 루틴을 만들어야 한다. 매일 같은 시간에 잠자리에 들고 일어나 생체리듬을 조절하고 운동을 하여 뼈와 근육을 튼튼하게 유지하고 건강한 체중을

유지하며 만성질환의 위험을 줄여야 한다. 또한 사회적으로 연결되고 정서적 회복력을 높이기 위해 친구 및 가족과의 정기적인 만남을 유지해야 한다. 목적의식을 제공하려면 의미있는 방식으로 지역사회에 참여할 기회를 찾으라.

6단계 (조정)

안정 단계라고도 한다. 이 시점에서 당신은 목적과 성취감을 주는 삶에 정착한다. 다른 모든 사람과 마찬가지로 당신도 감정적으로나 심리적으로 기복이 있지만, 당신에게는 큰 어려움 없이 변화에 대처할 수 있는 방법이 있다. 인생의 다른 기간과 마찬가지로 은퇴의 이 단계도 항상 순조롭게 진행되는 것은 아니며 심리적, 정서적 기복이 있을 것이다. 친구와 가족의 죽음, 자녀나 배우자의 질병, 경제 침체를 처리해야 할 수도 있다.

대처 방안: 초기 단계에서 개발한 자신에게 적합한 대처 전략에 의지한다. 필요에 따라 이러한 전략을 번갈아 가며 사용한다. 이 단계에서 당신은 자신의 삶의 이야기를 당신의 자녀나 손자 손녀를 위한 유산으로 또는 자서전으로 기록하는 것을 고려할 수 있다. 자신의 삶의 이야기를 쓰거나 녹음하면 후손들에게 물려줄 것에 대해 느낌을 갖게 될 것이다. 그리고 이러한 이야기를 가족 및 지역사회와 정기적으로 공유하면 강력한 관계를 구축하고 유지할 수 있다.

회고록을 작성하고 출판하는 방법도 있다.

　은퇴 단계에 상관없이, 압도당하는 느낌이 들거나 장기간의 불안이나 우울증 또는 기타 정신 건강 문제를 겪고 있는 경우, 정신 건강 전문가 또는 신앙의 지도자를 찾아야 한다. 이들은 중요한 삶의 전환을 통해 당신의 길을 탐색하는 데 도움이 된다. 수십 년 동안 업무에 파묻혀 일하면서 살았기 때문에 완전히 새로운 삶의 방식에 적응하는 것은 당연히 어려울 수 있다. 은퇴와 관련된 구체적인 상황에 관계없이 은퇴를 정서적, 심리적으로 준비하면 스트레스를 완화하여 계획했던 삶을 목적의식, 성취감, 지속되는 유대감과 함께 즐기는 데 집중할 수 있다.

루스 C. 화이트 Ruth C. White: 정신 건강 및 스트레스관리 전문가. 강연, 워크숍, 저술을 통해 조울증과의 회복 및 탄력성의 여정에 대해 이야기한다. 『The Stress Management Workbook』, 『Bipolar 101』을 포함하여 정신 건강에 관한 4권의 책을 저술했다. 정신 건강 컨설팅 회사인 WellMindPlus의 설립자이다.

6장

무엇이 성공적 삶인지
스스로 정의하라
Define success for Yourself

19. 인생의 성공을 무엇으로 측정할 것인가?

19. 인생의 성공을 무엇으로 측정할 것인가

- 직업적 성공은 목적 달성을 위한 하나의 도구에 불과하다. 무엇이 자신에게 가장 소중한 것이 무엇인지 생각하라.
- 시간, 에너지, 재능을 어디에 어떻게 사용할 것인가에 대한 의사결정은 인생의 전략을 형성한다. 소중한 일에 자원을 할당하라.
- '이번 한 번만은 괜찮을 거야'라는 유혹에 저항하라. 98% 수준으로 원칙을 고수하는 것보다 100% 수준으로 원칙을 지키는 것이 더 쉽다.
- 겸손한 사람들은 높은 수준의 자존감을 가지고 있다. 겸손은 자기비하적인 행동이나 태도가 아니라, 다른 사람을 존중하는 태도로 나타난다.
- 자신의 인생을 평가하는 척도가 무엇인지 생각하라. 성공적 인생이었다고 평가될 수 있도록 노력하라.

편집자 노트

하버드비즈니스스쿨 교수인 클레이튼 크리스텐슨Clayton Christensen은 '창업과 성장'이라는 인기있는 과목을 강의한다. 이제 그는 성공적인 기업 구축 및 유지 전략에서 성공적으로 삶을 구축하고 유지하는 방법으로 초점을 전환했다. 그는 매학기의 마지막 세션을 가장 중요하게 여긴다. 그는 하버드비즈니스스쿨 학생 중 상당수가 자신의 커리어와 삶에서 실패하는 것을 지켜봐 왔다. 학생들이 이러한 운명을 피할 수 있도록 돕고 싶었던 그는 칠판에 3가지 질문을 적었다.

1. 직업에서 어떻게 행복을 찾을 수 있는가?
2. 개인 생활에서 어떻게 행복을 찾을 수 있는가?
3. 감옥에 갇혀 있는 것 같은 상황에서 어떻게 해야 벗어날 수 있는가?

클레이튼은 삶에서 보다 나은 의사결정을 할 수 있도록 하는 최상의 도구에 학생들의 관심을 집중시키고자 했다. 이것은 자기 삶을 위한 전략을 수립하고, 필요한 자원을 할당하고, 의식적으로 가족문화와 관계를 구축하고, '한계비용' 실수를 피하는 것이다.

그가 제기한 핵심적 질문은 모든 사람들이 커리어와 삶의 모든 단계에서 자문해 봐야 할 질문이다. 당초 클레이튼은 학생들을 위해 이 글을 썼다. 하지만 출판 이후 그의 글은 여러 해 동안 다양한 연령대의 독자들로부터 커다란 지혜를 얻을 수 있었다는 평판을 듣고 있다. 나는 그의 글에서 '자원할당이론'이라는 강력한 아이디어 하나를 발견했다. 이 이론은 비즈니스 전략으로도 활용되고 있다.

기업에서 가장 중요한 것은 전략이 아니다. 결국 전략은 자원을 어떻게 사용하는지에 따라 결정된다. 우리의 삶에서도 마찬가지이다. 개인의 에너지, 초점, 시간을 사용하는 방법의 선택이 삶을 위한 진정한 전략을 수립하는 지점이다. 나에게 그의 아이디어는 계시적이었다. 나는 클레이튼과 이 논문을 함께 작업한 후, 나는 삶에 대한 개인적인 전략과 더 잘 일치하도록 자원할당을 재구성했다.

클레이튼은 가치 있는 역할 모델이다. 그는 세계에서 가장 존경받는 경영 사상가 중 한 사람이다. 또한 자신에게 가장 중요한 것이 무엇인지에 대하여 항상 명료하다. 그는 항상 주말 시간을 사랑하는 가족과 교회를 위해 온전히 바쳤다. 클레이튼은 우리가 개인적인 삶에서 성취감을 느낄 때 직장에서도 성공할 가능성이 더 높다고 믿는다.

은퇴 여정을 고민하고 있다면 클레이튼이 제공하는 도구를 염두에 두길 바란다. 당신은 여전히 자신의 에너지, 초점, 시간을 어떻게 사용할 것인지를 스스로 선택할 수 있다. 어떤 곳으로부터 은퇴하는 것은 성취감을 느낄 수 있는 어느 곳으로 향해 은퇴하는 것과는 다르다. 당신은 자신에게 중요한 사람들과의 관계에 투자하고 있는가? 당신의 삶은 내적 동기로 가득 차 있는가? 당신이 추구하는 바는 무엇인가? 이러한 것들과 자원할당 과정이 일치되고 있는가?

삶의 성공을 무엇으로 측정할 것인가? 이 글이 제시하는 아이디어는 여러분이 커리어를 마무리하는 과정에 있든, 새로운 일을 시작하는 과정에 있든 상관없이 그 질문에 대한 대답을 찾는데 도움이 될 것이다.

나는 『혁신가의 딜레마The Innovator's Dilemma』를 출판하기 전에 인텔 회장이었던 앤드류 글로브Andrew Grove로부터 전화를 받았다. 그는 '파괴적 기술disruptive technology'에 대한 나의 초기 논문 중 하나를 읽고, 직원들과 토론했다고 했다. 그는 나의 연구가 인텔에게 의미하는 바를 발표해 달라고 요청했다. 나는 신이 나서 실리콘밸리로 날아가 약속된 시간에 도착했다. 글로브는 이렇게 말했다. "이봐요, 오셨군요. 시간이 10분밖에 없습니다. 그 시간동안 당신의 연구 모델이 인텔에 어떤 의미가 있는지 말씀해 주세요."

나는 모델을 설명하는 데에는 최소 30분이 필요하다고 말했다. 어떠한 특정 케이스를 맥락으로 모델을 설명해야 인텔에 대한 의견이 의미를 가질 수 있기 때문이었다. 발표가 10분 정도 지나자 글로브가 끼어들었다. "그래서 인텔에 당신의 연구 모델이 어떤 의미를 갖는지 설명해 달란 말입니다."

나는 청중들이 '파괴적disruptive 과정'이라는 것이 어떻게 작동하는지 이해할 수 있도록 하기 위해서, 다른 산업분야인 철강산업에서 파괴적 과정이 어떻게 작동했는지 설명할 필요가 있으며, 이를 위해 10분이 더 필요하다고 주장했다. 나는 누코[23]와 다른 소규모 제철회사들이 저가 보강 철근시장을 공략함으로써 어떻게 기존의 철강회사를 밀어내고 고가 시장으로 이동했는지에 대하여 설명했다.

소규모 제철회사에 대한 이야기를 마치자, 그로브는 "그랬군요. 알겠습니다. 인텔에 의미하는 바는……."이라고 했다. 이후

---

23 현재 미국 최대의 제철 회사이자 세계 최대의 미니밀 철강 생산 기업이다.

인텔은 셀러론 프로세서를 출시하기 위한 전략을 정교화했다.

나는 그 이후 이것에 대하여 여러 번 생각했다. 만약 내가 앤디 그로브에게 마이크로프로세서 사업에 대하여 어떠한 전략을 펼쳐야 한다고 구체적으로 말했다면, 나는 실패할 수 있었다. 하지만 나는 그에게 무엇을 어떻게 하라고 말하는 대신에 그에게 생각하는 방법을 가르쳤다. 그리고 그는 스스로 올바른 결정이라고 생각되는 지점에 도달했다.

이 경험은 나에게 깊은 영향을 미쳤다. 사람들이 나에게 무엇을 해야 한다고 생각하는지 질문할 때, 나는 그 질문에 직접적으로 대답하지 않는다. 그 대신 모델의 프로세스가 그들과는 상당히 다른 산업분야에서 어떻게 작동했는지 설명한다. 그러면 대부분의 경우 "알겠습니다. 이해했습니다."라고 말한다. 그리고 그들은 내가 할 수 있는 것보다 훨씬 통찰력 있게 자신의 질문에 대한 해답을 얻는다.

나의 하버드비즈니스스쿨 강의는 학생들이 좋은 경영이론이 무엇이며 어떻게 구축되는지에 대한 이해를 돕고자 구성되었다. 나는 수업의 핵심으로서, 혁신과 성장을 촉진하는 경영자 역할에 대해 생각하는 데 도움이 되는 몇 가지 모델이나 이론을 학생들에게 제공한다. 각 세션에서 우리는 이러한 이론의 렌즈를 통해 사례를 검토해서, 그 회사가 어떻게 해서 이러한 상황에 처하게 되었는지 설명하고 필요한 결과를 얻을 수 있는 경영상의 조치를 조사하도록 한다.

수업 마지막 날, 나는 학생들에게 다음 3가지 질문에 대한 설득력 있는 해답을 찾기 위해 비즈니스 문제 해결을 위해서 학습했던 이론적 렌즈를 자기 자신의 문제에 대하여 적용해 보라고 요청한다.

- 자신의 커리어를 통해 자신이 행복해질 수 있을 것이라고 어떻게 확신할 수 있는가?
- 배우자 및 가족과의 관계가 지속적인 행복의 원천이 된다고 생각하는가?
- 어떻게 하면 감옥에 갇혀 있는 것 같은 느낌을 갖지 않을 수 있는가?

마지막 질문은 가볍게 들릴지 모르지만 그렇지 않다. 로즈장학생[24] 32명 중 2명은 감옥에 갇힌 느낌으로 시간을 보냈다고 조사되었다. 엔론 2001년 10월 16일, 미국의 건실한 에너지, 물류 기업으로 알려져 있던 엔론[25]의 제프 스킬링Jeff Skilling은 나와 하버

---

24 영국의 자선사업가이자 제국주의자였던 세실 로즈의 유언으로 설립한 '로즈 재단'에서 준다. 매년 세계 각국 인재의 옥스퍼드대학교 대학원 학위과정 수학을 지원한다.
25 2001년 10월 16일, 미국의 건실한 에너지, 물류 기업으로 알려져 있던 엔론은 대규모 분식회계와 회계조작이 밝혀져 파산했으며, 주식 폭락 등 엄청난 후폭풍을 일으켰다.

드비즈니스스쿨 동창이었다. 이들은 모두 탁월한 사람들이었지만 잘못된 방향으로 자신의 삶을 내보냈다.

학생들이 개인적 삶에 대한 이러한 질문에 대해서 토론할 때, 학생들이 이론을 사용하여 삶의 주요한 결정을 내릴 수 있는 방법을 설명하기 위해 일종의 사례 연구로서 나는 나 자신이 살아온 과정을 그들에게 이야기한다.

::: 직업을 통해 어떻게 행복을 찾을 것인가

직업을 통해서 행복을 찾는 방법에 대한 첫 번째 질문에 통찰력을 제공하는 이론 중 하나는 프레드릭 허쯔버그Frederick Herzberg[26]의 이론이다. 그는 삶의 강력한 동기요인은 돈이 아니라 학습하고, 책임감을 키우고, 기여하고, 성취를 인정받을 수 있는 기회라고 한다.

나는 회사를 경영하면서 가졌던 일종의 상상에 대해 학생들에게 이야기한다. 내 마음의 눈에는 어느 날 아침 비교적 강한 자존감을 갖고 출근하는 매니저의 모습이 보인다. 그렇지만 회사에서

---

[26] 미국의 심리학자로서 경영학에 중대한 영향을 끼친 인물 가운데 하나이다. 직무충실화, 동기-위생 이론을 제시한 것으로 유명하다.

인정받지 못하고, 좌절하고, 저평가당하고, 무시당했다고 느끼면서 차를 몰고 퇴근하는 그녀의 모습을 상상해 본다. 그리고 그녀의 낮은 자존감이 아이들과의 상호작용 방식에 어떤 영향을 미칠 것인지 상상해 본다.

다른 한편으로 나는 오늘 하루 많은 것을 배웠고, 가치 있는 성과를 만들었다고 인정받고서 자부심을 느끼며 집으로 차를 몰고 가는 그 매니저의 다른 날의 모습을 그려 본다. 그리고 이것이 한 남편의 아내이자 아이들의 부모로서 그녀에게 얼마나 긍정적인 영향을 미치는지 상상한다.

내 결론은 이렇다. 경영관리 업무는 제대로 수행한다면 매우 고귀한 직무이다. 다른 어떤 직무도 다른 사람들로 하여금 배우고 성장하도록 돕고, 책임지고, 성취를 인정받고, 팀의 성공에 기여할 수 있는 다양한 방법을 제공하지 않는다. 상당수 MBA 학생들이 경영자를 단지 구매, 판매, 투자하는 직무라고 생각하며 비즈니스스쿨에 입학한다. 이것은 불행한 일이다. 거래를 통해서는 사람들을 개발하는 데에서 나오는 깊은 심적 보상이 주어지지는 않는다. 나는 학생들이 이것을 알고 졸업하기를 기대한다.

::: 자신의 삶에 무엇이 가장 소중한지 생각해 보라

"가족과의 관계가 지속적인 행복의 원천이 된다고 생각하는가?"라는 두 번째 질문에 대한 답을 찾는데 도움이 되는 이론은 전략을 정의하고 구현하는 방식과 관련이 있다.

기업의 전략은 경영진이 투자하는 이니셔티브의 유형에 따라 결정된다. 기업의 자원 할당 프로세스가 완벽하게 관리되지 않으면 경영진이 의도한 것과 매우 다른 결과가 나올 수 있다. 기업의 의사결정 시스템은 가시적이고 즉각적인 수익을 제공하는 이니셔티브에 투자하도록 설계된다. 따라서 통상 기업은 중요한 장기 전략 이니셔티브에 대한 투자를 줄이게 된다.

나는 1979년 이래 오랫동안 하버드비즈니스스쿨 동창생들이 졸업 이후 살아온 과정을 지켜봐 왔다. 상당수 동창생들은 불행해지고 이혼하고 자녀들로부터 소외되고 있었다. 아무도 비즈니스스쿨에서 아내와 이혼하고 자녀들과 소원하게 되는 전략을 배우지는 않았다. 그럼에도 동창생 중 상당수는 결국 그런 전략을 실행한 모양새가 되었다. 이유가 무엇일까? 자신의 시간과 재능, 에너지를 어떻게 사용할지 의사결정할 때 삶의 목적을 최우선으로 두지 않았기 때문이다.

매년 하버드비즈니스스쿨에 입학하는 900명의 학생 중 상당수가 자신의 삶의 목적에 대해 거의 생각하지 않는다는 사실은 놀라울 따름이다. 나는 학생들에게 하버드비즈니스스쿨이 이러한 질문에 대해 깊이 성찰할 수 있는 마지막 기회일 수 있다고 말한다. 나중에 기회가 있을 것이라고 생각하면 오산이다. 왜냐하면 삶은 점점 더 까다로워지고, 일주일에 70시간씩 일하고, 배우자와 자녀가 있기 때문이다.

나로서는 인생의 명확한 목적이 필수적이라고 생각했으며, 오랫동안 성찰했다. 로즈 장학생이었을 때 나는 옥스퍼드에서 1년 정도의 기간 동안에 배우는 것들을 머리 속에 쑤셔 넣어야 했기 때문에 아주 힘들었다. 하지만 나는 매일 밤 한 시간씩 하나님께서 나를 세상에 태어나게 하신 이유에 대해 읽고 생각하고 기도하기로 했다. 그 시간을 학업에서 빼놓을 수 있을지에 대해서 고민이 많았지만 나는 견뎌냈고 결국 내 삶의 목적을 찾았다.

그렇지 않고 계량경제학 회귀분석 자기 상관 문제를 마스터하기 위한 최신 기법을 학습하는데 매일 그 시간을 보냈다면, 아마도 나는 내 인생을 심하게 낭비했을 것이다. 나는 1년에 몇 번만 계량경제학의 도구를 적용하지만, 삶의 목적에 대한 이해는 일상적으로 적용한다. 삶의 목적에 대한 이해는 배웠던 것 중에서 가장 유용한 것이다. 나는 학생들에게 삶의 목적을 파악하는데 시간을 투자한다면, 그것은 하버드비즈니스스쿨에서 발견한 가장 중요한 사건으로 기억될 수 있을 것이라고 보증한다.

삶의 목적을 깨닫지 못하면 방향타 없이 항해를 떠나게 되고, 거친 삶의 바다에 부딪히게 될 것이다. 삶의 목적에 대한 이해는 활동기반 원가계산, 균형성과표, 핵심역량, 파괴적 혁신, 4P, 5 Forces와 같은 경영기법에 대한 지식보다 우선한다.

나의 목적은 종교적 믿음에서 비롯되었다. 하지만 사람들에게 방향을 제시해 주는 것은 신앙만이 아니다. 예를 들어 나의 학생 중 한 명은 자신의 목적은 국가에 정직함과 경제적 번영을 가져오는 것이고, 이러한 대의와 서로에게 헌신하는 자녀를 키우는 것이라고 결정했다. 그 학생의 목적은 나와 마찬가지로 가족과 다른 사람들에게 초점을 맞추고 있었다.

직업 선택과 성공의 추구는 목적을 달성하기 위한 하나의 도구에 불과하다. 목적이 없으면 삶은 공허해진다.

⋮⋮⋮ 소중한 일에 자원을 할당하라

개인적인 시간, 에너지 및 재능을 할당하는 것에 대한 의사결정은 궁극적으로 인생의 전략을 형성한다. 나에게는 이러한 자원을 놓고 경쟁하는 여러 가지 '일'들이 있다. 아내와 좋은 관계를 유지하고, 아이들을 잘 키우고, 지역사회에 봉사하고, 커리어를 성공적으로 관리하고, 교회에 헌신해야 한다. 이렇게 나는 기업이 겪는 것과 똑같은 문제를 가지고 있다. 자신의 시간과 에너지와 재능이 제한되어 있는데, 각각의 활동에 얼마만큼 투자해야 하는가?

자원 할당 선택으로 인해 인생은 의도한 바와는 아주 달라질 수 있다. 때때로 좋은 일이 일어나고 계획하지 않은 좋은 기회가 생길 수도 있다. 하지만 자원을 잘못 투자하면 나쁜 결과가 발생할 수 있다. 아무런 생각조차 없이 공허하고 불행한 삶에 빠져드는 사람들을 관찰해 보면, 그들의 문제는 단기적 관점과 직접적 관련이 있다고 생각된다.

성취 욕구가 높은 사람들에게 부가적인 30분의 시간 또는 에너지가 있다면, 그들은 아마도 가장 좋은 성과를 내는 활동에 자원을 할당하고자 할 것이다. 그러면 그들의 커리어는 앞으로 전진할 것이다. 당신은 제품을 배송하고, 디자인을 완성하고, 발표를 하고, 판매를 마감하고, 강의를 하고, 논문을 출간하고, 월급을 받고, 승진한다. 대조적으로 배우자 및 자녀와의 관계에 대한 시간과 에너지 투자는 이와 같은 즉각적 성취감을 제공하지는 않는다.

배우자와의 관계를 소홀히 해도 곧바로 상황이 악화되지는 않는다. 가족과의 친밀하고 사랑스러운 관계가 가장 강력하고 지속적인 행복의 원천임에도 불구하고, 높은 성취를 추구하는 사람들은 무의식적으로 가족에 대해서는 과소 투자를 하고 경력에 대해서는 과잉 투자한다.

사업상 재난의 근본 원인을 연구해 보면, 단기적 성과를 얻고자 하는 이러한 성향을 지속적으로 발견할 수 있다. 이러한 렌즈를 통해 개인의 삶을 바라보면 비슷하게 놀랍고 냉혹한 패턴을 보게 될 것이다. 사람들은 자신에게 가장 중요한 것이라고 말했던 것들에 대하여 점점 적은 자원을 할당하고 있다.

⋯ 좋은 문화를 구축하라

내가 하는 강의에는 '협업도구'라는 중요한 모델이 있다. 이것은 관리자의 역할이 비전을 제시하는 것만이 아니라는 것을 깨닫게 한다. 안개 낀 미래를 예민하게 들여다보고 기업이 나아가야 할 방향에 대한 계획을 수립하는 것이 비전 있는 관리자의 역할이다. 그러나 앞으로의 변화를 미처 보지 못하는 직원들로 하여금 동참하고 협력하여 회사가 추구하는 새로운 방향을 함께 하도록 설득하는 것은 완전히 다른 일이다. 필요한 협력을 이끌어내기 위해 어떤 도구를 사용해야 하는지 아는 것은 중요한 경영기술이다.

'협업도구' 이론은 두 가지 차원(구성원이 원하는 바에 대한 조직의 합의 수준, 특정 조치가 원하는 성과를 가져올 것인지에 대한 구성원 간 합의 수준)에 따라 배열된다. 두 가지 차원에 대한 합의가 없는 경우에는 과업을 수행하기 위해 강압, 위협, 처벌 등과 같은 '권력도구'를 사용해야 한다. 따라서 경영진은 어떤 일을 어떻게 수행해야 하는지 정의하는 데 있어서 적극적인 역할을 해야 한다. 직원들이 과업을 해결하기 위한 협업 방식이 계속해서 성공하면 합의가 형성되기 시작한다.

MIT의 에드거 샤인Edgar Schein은 이 과정을 문화가 구축되는 메커니즘으로 설명한다. 통상 직원들은 자신이 하는 일하는 방식이 성공적인 성과물을 만들 것인지 여부에 대하여 생각하지 하지 않는다. 그들은 어떤 명시적인 의사결정보다는 본능과 가정에 따라 우선순위를 수용하고 절차를 따른다. 즉, 문화를 만든다는 의미이다.

문화는 강력하지만 암묵적으로 구성원으로 하여금 입증 가능하고 수용성 있는 방식으로 반복적으로 발생하는 문제를 해결하도록 한다. 그리고 문화는 다양하게 주어진 문제 유형에 대하여 우선순위를 정의한다. 그러므로 문화는 강력한 경영관리 도구가 될 수 있다.

학생들은 부모가 자녀의 순응을 이끌어내기 위해 휘두르는 가장 간단한 도구는 '체벌'이라는 것을 잘 알고 있다. 그러나 자녀들이 성장하면서 언젠가 체벌이 더 이상 작동하지 않는 시점이 온다. 그 시점에 이르러 어떤 부모들은 그제야 시간을 들여서 자녀들이 서로를 존중하고 부모에게 순종하며 올바른 길을 갈 수 있도록 자녀와 함께 좋은 가족문화를 만들고자 한다. 기업과 마찬가지로 가족에게도 문화가 있다. 이러한 문화는 의식적으로 제대로 구축될 수도 있지만, 엉망이 될 수도 있다.

자녀가 강한 자존감과 난관을 극복할 수 있다는 자신감을 갖기를 원한다면, 그러한 자질은 고등학교에서 마법처럼 갑자기 실현되는 것이 아니라는 것을 알아야 한다. 아주 일찍부터 생각하고 가족문화를 디자인해야 한다. 회사 종업원들과 마찬가지로 아이들도 고초를 겪으면서 효과가 있는 것을 배움으로써 자존감을 형성한다.

::: '한계비용' 실수를 피하라

우리는 경제학과 금융학을 통해서, 투자 대안 평가는 매몰비용과 고정비용이 아니라, 각 대안이 가져오는 한계비용과 한계수익을 기준으로 해야 한다고 배웠다. 또한 기업들은 미래에 필요로 하는 역량 창출이 아니라, 과거에 성공 방정식을 활용하고자 하는 편향에 빠진다는 것도 배웠다. 미래가 과거와 정확히 동일하다면 이러한 접근방식은 괜찮다. 그러나 미래가 과거와 다르다면(거의 항상 그렇다.) 이것은 잘못된 일이다.

이 이론은 내가 학생들과 논의하는 세 번째 질문인 성실한 삶을 사는 방법(감옥에 갇히지 않는 것)이라는 문제를 해결한다. 개인 생활에서 옳고 그름을 판단할 선택할 때, 우리는 무의식적으로 한계비용 원칙을 사용하기도 한다. 우리 내면의 목소리는 이렇게 말한다. "일반적으로 다들 그렇게 하지 않는다는 걸 알고 있어. 그렇지만 이번에는 특별한 사정이 용인될 수 있을 거야. 그러니 이번 한 번만은 괜찮아." 잘못된 일을 '이번 한 번만' 하는데 드는 한계비용은 항상 유혹적으로 낮다. 그래서 이것은 당신을 속이며, 결국 그것이 궁극적으로 어디를 향하고 있으며 선택에 수반되는 전체 비용이 얼마나 큰지를 간과하게 만든다. 불충실과 정직하지 않음에 대한 정당화는 모두 '이번 한 번만'이라는 한계비용 경제학에 내재해 있다.

나는 내 인생에서 '이번 한 번'의 잠재적인 피해를 어떻게 이해하게 되었는지 이야기를 나누고 싶다. 나는 옥스퍼드대학 농구대표팀 선수였다. 우리는 끝까지 노력했고 시즌을 무패로 마쳤다. 농구팀 친구들은 내 인생에서 가장 친한 친구였다. 우리는 NCAA 토너먼드(매년 봄 미국에서 NACC가 주관하여 개최되는 대학 농구 최대의 토너먼트이다.)에 해당하는 영국 토너먼트에 진출했고 4강에 진출했다. 그런데 챔피언십 게임은 일요일에 열리기로 되어 있었다. 나는 16살 때 일요일에는 절대로 게임을 하지 않기로 하나님께 약속했었다. 그래서 코치에게 나의 문제를 설명했다. 그는 이해할 수 없었다. 내가 주전 센터였기 때문에 다른 팀 동료들도 마찬가지였다. 경기장에 있는 모든 선수들은 내게 와서 "너는 출전해야 해. 너의 규칙을 한 번만 위반하면 안 될까?"라고 말했다.

나는 신앙심이 깊은 사람이었기 때문에 내가 어떻게 해야 하는지 기도했다. 하나님과의 약속을 어겨서는 안 된다는 매우 분명한 느낌을 받았기 때문에 나는 챔피언십 경기에 출전하지 않았다.

이것은 여러 면에서 내 인생에서 수천 번의 일요일 중 하나와 관련된 작은 결정이었다. 이론상으로는 분명 '이번 한 번만' 선을 넘은 다음에 그 후로 다시는 그러지 않을 수 있었을 것이다. 하지만 돌이켜보면 "이번 한 번만은 괜찮을 거야."라는 논리의 유혹에 저항하는 것이 내 인생에서 가장 중요한 결정 중 하나였다는 것을 알게 되었다. 왜 그런가? 인생은 참작할 수 있는 상황의 끝없는 흐름이었다. 한 번 선을 넘었다면 그 후에도 계속해서 그렇게 했을 것이다.

여기서 배운 교훈은 98% 수준으로 원칙을 고수하는 것보다 100%의 수준으로 원칙을 고수하는 것이 더 쉽다는 것이다. 한계비용 분석을 기반으로 '이번 한 번만'에 굴복한다면 예전 나의 동창생들이 그랬던 것처럼 결국 후회하게 될 것이다. 당신은 자신이 누구인지를 스스로 정의하고 그것을 지켜낼 수 있도록 분명한 선을 그어야 한다.

∷ 겸손의 중요성을 기억하라

나는 하버드대학교에서 겸손에 관한 강의를 요청받은 적이 있다. 나는 학생들에게 자신이 알고 있는 가장 겸손한 사람을 생각해 보라고 했다. 겸손한 사람들에게는 두드러진 특징이 있었다. 그들은 높은 수준의 자존감을 가지고 있었다. 그들은 자신이 누구인지 알고 있었고 자신에 대해서 좋게 느낀다. 또한 겸손이란 자기비하적인 행동이나 태도가 아니라 다른 사람을 존중하는 태도로 정의된다. 좋은 행동은 이러한 종류의 겸손에서 자연스럽게 흘러나온다. 예를 들어 당신이 어떤 사람을 너무 존경하면, 그를 살며시 흔들어대고자 하지 않을 것이다. 그리고 또한 그에게 거짓말을 하지 않을 것이다.

겸손함은 항상 중요하다. 당신이 최고의 대학원에서 배우는 거의 모든 것은 당신보다 더 똑똑하고 경험이 많은 사람들, 즉 부모, 선생님, 윗사람에게서 나온 것이다. 그러나 하버드비즈니스스쿨이나 다른 최고 교육기관에서 졸업한 후, 당신이 일상적으로 만나게 될 대부분의 사람들은 당신보다 똑똑하지 않을 수 있다. 만약 당신이 자신보다 똑똑한 사람들에게서만 무언가 배울 것이 있다고 생각한다면, 당신의 배움의 기회는 매우 제한적일 수밖에 없다. 그러나 누구에게서든지 무언가를 배우고자 하는 겸손한 열의가 있다면 배움의 기회는 무한하다. 일반적으로 자신에 대하여 좋게 느끼고 주변 사람들도 자신을 좋게 느끼도록 하고 싶을 때에만 겸손해질 수 있다. 다른 사람을 업신여기거나 오만하거나 비하하는 행동을 하는 사람들은 거의 대부분 자존감이 부족한 사람들이다. 그들은 자신에 대해 좋게 느끼기 위해서 다른 사람을 낮춰야 하는 사람들이다.

⋯ 올바른 척도를 선택하라

작년에 나는 암 진단을 받았고 내 인생이 예상보다 빨리 끝날 수 있다는 가능성에 직면했다. 고맙게도 나는 살아남을 것 같다. 하지만 그 경험은 내 삶에 중요한 통찰을 주었다.

나는 내 아이디어가 회사에 어떻게 막대한 수익을 창출하게 했는지 잘 알고 있다. 그리고 내가 상당한 영향을 미쳤다는 것을 알고 있다. 하지만 암에 맞닥뜨리면서 이러한 영향력이 지금 나에게 얼마나 하잘 것 없는지 깨닫게 되었다. 하나님이 내 삶을 평가하시는 척도는 돈이 아니라 나로 인해 감동을 받은 사람들 개개인이라는 것을 나는 알게 되었다.

나는 이것이 우리 모두에게 작동하는 방식이라고 생각한다. 다른 사람들이 당신이 달성한 성취에 대해서 어떻게 생각하는지에 대해 걱정하지 말라. 그보다는 당신이 다른 사람들이 보다 훌륭한 사람이 되도록 어떻게 지원했는지에 대해서 걱정하라.

나의 마지막 권고는 이렇다. 자신의 인생을 평가할 척도에 대해 생각하라. 그리고 결국 자신의 인생이 성공적이었다고 평가될 수 있도록 매일 매일을 살아 나가겠다고 결심하라.

클레이튼 크리스텐슨 Clayton M. Christensen: 하버드경영대학원 석좌교수. 하버드비즈니스리뷰에 자주 기고했다.

카렌 딜런 Karen Dillon: 하버드비즈니스리뷰 전임 편집자. 『How Will you Measure Your Life』, 『The Microstress Effect』 등 3권의 책을 Clayton M. Christensen과 공동 저술했다.

* Harvard Business Review 2010년 7, 8월호 재수록